초급 일본어로 당당하게 자기소개하기

이 책을 읽기 전에

이 책은 일본어를 처음 접하는 학습자가 학습에 대한 부담감을 느끼지 않고 창의력을 발휘하여 스스로 문장을 구성할 수 있도록 꾸몄습니다.

1과~10과까지는 1학기, 11과~20과까지는 2학기로 나누어 총 1년 동안 무리 없이 소화할 수 있는 분량입니다.

이 책에 나오는 예문들을 가능한 한 반복적으로 제시하여 전체적으로 일관된 흐름 속에서 형용사, 동사의 활용형을 익혀 나갈 수 있도록 하였습니다. 예를 들면, 동사의 도입부분에서 소개된 「本(ほん)を 読(よ)む。」라는 표현에 대해, 정중형 학습 항목에서는 「図書館(としょかん)で 本(ほん)を 読(よ)みます。」라는 예문으로, 과거형 연습 항목에서는 「私(わたし)は 昨日(きのう)、図書館(としょかん)で 本(ほん)を 読(よ)みました。」라는 예문으로 어휘를 추가하여 반복적으로 제시하였습니다. 이는 학습자가 쏟아지는 어휘와 다양한 표현 속에서 방황하지 않고, 자신이 학습의 어느 지점에 서 있는지 쉽게 알아차릴 수 있도록 하기 위함입니다. 이 책은 폭넓고 다양한 표현을 습득하기 보다는 각 과의 수업을 통해 핵심적인 문형이나 활용형을 숙지하여, 자신의 신상을 바로 일본어로 표현해 볼 수 있도록 하는데 중점을 두었습니다.

이와 같은 반복적인 학습을 통하여 학습자는 자신의 소속, 하루일과, 좋아하고 싫어하는 것, 갖고 싶은 물건, 장래 소망 등에 대해 소개하는 문장을 **わたしはこんなひとです!** 코너를 통하여 차근차근 모아갈 수 있습니다. 이 책의 마지막 과인 20과에서는 2과, 6과, 13과, 15과, 17과, 19과의 학습과정에서 수집한 **わたしはこんなひとです!** 코너를 모아 자신만의 '자기소개서'를 완성할 수 있습니다.

이 모든 학습과정 속에서 학습자는 자신의 이야기를 일본어로 표현할 방법에 대해 능동적으로 고민하게 되리라 기대합니다. 이 책의 주인공은 '학습자 자신'입니다.

이렇게 꾸며졌어요

각 과는 〈학습목표〉→〈練習してみましょう〉→〈本文〉→〈聞いてみましょう〉의 순서로 구성되어 있습니다.

학습목표

수업 도입부에서 그 과의 핵심적인 학습내용을 한국어 표현과 일본어로 소개하였습니다. 학습자는 자신이 어떤 표현을 공부하게 될지 인지하여 **수업 중 어떤 부분에 특히 주의를 기울여야 하는 지 마음의 준비**를 할 수 있게 됩니다. 이러한 '마음의 준비'는 학습에 대한 관심을 증가시키고 이해도를 높혀 보다 적극적으로 수업에 임할 수 있는 바탕이 될 것입니다.

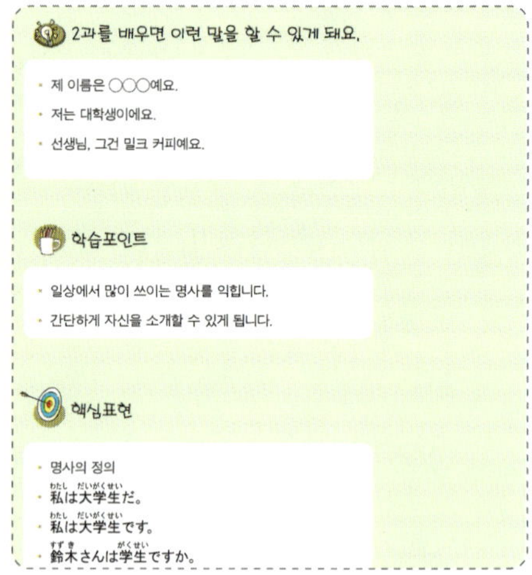
2과를 배우면 이런 말을 할 수 있게 돼요.

- 제 이름은 ○○○예요.
- 저는 대학생이에요.
- 선생님, 그건 밀크 커피예요.

학습포인트

- 일상에서 많이 쓰이는 명사를 익힙니다.
- 간단하게 자신을 소개할 수 있게 됩니다.

핵심표현

- 명사의 정의
- 私は大学生だ。
- 私は大学生です。
- 鈴木さんは学生ですか。

練習してみましょう

하나의 학습항목에 대한 설명과 예문을 제시하고 연습 또는 내가 만든다 코너를 통하여 곧바로 문장구성 연습과 문형연습을 하며 자기 주도적인 수업을 즐길 수 있도록 하였습니다.

연습은 **반복적인 훈련을 통해 자동화가 이루어져야 할 학습항목에 대해 많은 연습**을 할 수 있는 코너입니다. 학습자가 충분히 쓰면서 연습할 수 있도록 공간을 활용하였습니다. 내가 만든다에서는 문장 구성에 필요한 어휘를 미리 제시하고 그 단어를 활용하여 **자유롭게 문장을 구성하면서 능동적으로 단어를 익힐 수 있도록 구성한 코너**입니다. 이 코너에서 교수자는 학습자에게 문장을 구성할 수 있는 일정한 시간을 주고, 바로 그 내용을 발표하도록 유도합니다. 학습자가 편안한 분위기에서 자신의 문장을 발표하고 피드백할 수 있습니다. 이 과정에서 교수자는 예상치 못한 학습자의 기발하고 창의적인 예문을 만날 수 있을 것으로 기대합니다. じゃんけんぽん(가위바위보)는 학습자가 친구와 서로 질문을 하거나 게임을 하면서 의사소통의 기회를 갖는 코너입니다. 방금 배운 말로 옆사람에게 말을 걸어 보고, 대화를 진전시키면서 성취감을 느낄 수 있을 것입니다.

연습 다음 문장을 예와 같이 고쳐 보세요.

예 起きる → 起きています	歯を 磨く	顔を 洗う	ごはんを 食べる
家を 出る	学校へ 行く	友だちに 会う	勉強を する
水を 飲む	日本語を 習う	本を 買う	駅まで 歩く
手を 洗う	ケーキを 作る	少し 休む	友だちが 来る
テレビを 見る	ゲームを する	MP3を 聞く	シャワーを する

내가 만든다 예와 같이 「ています」를 사용하여 문장을 쓰고 그림을 그려 보세

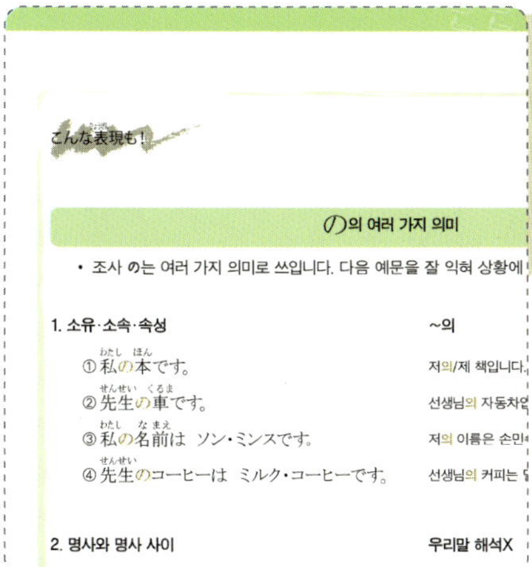
こんな表現も!

の의 여러 가지 의미

• 조사 の는 여러 가지 의미로 쓰입니다. 다음 예문을 잘 익혀 상황에

1. 소유·소속·속성 ~의

① 私の本です。 저의/제 책입니다.

② 先生の車です。 선생님의 자동차

③ 私の名前は ソン·ミンスです。 저의 이름은 손민

④ 先生のコーヒーは ミルク·コーヒーです。 선생님의 커피는

2. 명사와 명사 사이 우리말 해석X

memo와 こんな表現も!

좀 더 다양하고 깊이 있는 학습을 원하는 학습자가 유사한 표현 간 어감의 차이, 확장된 표현 등에 대해 선택적으로 학습할 수 있는 코너입니다. 교수자는 수업진행 속도에 따라 적절히 이 두 코너를 활용하여 더욱 풍부한 수업을 이끌어 나갈 수 있을 것입니다.

本文

주로 학습자 본인의 신상 및 일상생활에서 자주 접할 수 있는 장면을 채용하였습니다. 학습자가 본문 학습을 통하여 아이디어를 얻어 자신의 신상, 취미, 일과 등을 일본어로 표현하여 활용할 수 있도록 구성하였습니다.

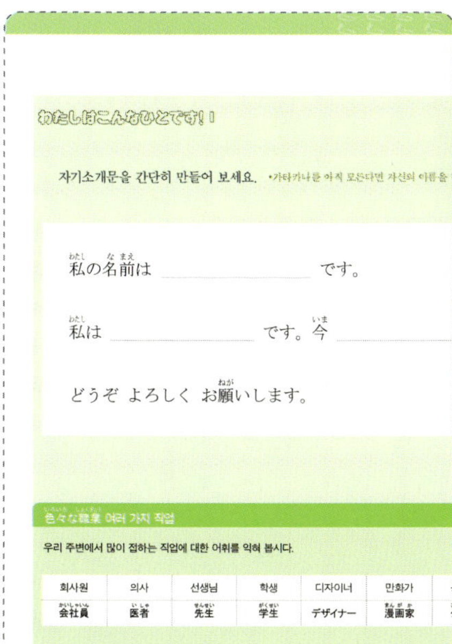
わたしはこんなひとです!

자기소개문을 간단히 만들어 보세요.

私の名前は ＿＿＿＿ です。

私は ＿＿＿＿ です。今 ＿＿＿＿

どうぞ よろしく お願いします。

色々な職業 여러 가지 직업

우리 주변에서 많이 접하는 직업에 대한 어휘를 익혀 봅시다.

회사원	의사	선생님	학생	디자이너	만화가
会社員	医者	先生	学生	デザイナー	漫画家

わたしはこんなひとです!

자신을 주인공으로 새로운 본문을 꾸미는 실전코너입니다. 그 과에서 배운 문형과 어휘를 사용하여 자신의 이야기를 써 봅니다. 이 코너를 모두 모아 정리하면 **기초적인 어휘만으로 훌륭한 자기소개를 완성할 수 있게 됩니다.**

聞いてみましょう

문형연습과 본문에서 다루어진 내용만으로 문장을 구성하여 학습자가 자신감을 갖고 듣기연습에 임할 수 있도록 하였습니다. 또한 주요 학습포인트나 주요 단어를 듣고 받아쓰는 연습을 통하여 쓰기능력도 함께 키워갈 수 있도록 하였습니다.

日本人ならだれでも

보다 효과적인 의사 소통을 위하여 학습자가 꼭 알아야 할 일본과 일본인의 문화를 소개한 코너입니다. 일본인이라면 누구나 어릴적 불렀던 노래, 좋아하는 음식, 꺼려하는 행동 등 일본을 이해하고 일본인과 대화하기 위해 꼭 알아야 할 사항을 소개하였습니다.

目次

Part 2

1 일본어의 글자

일본어를 글로 나타내기 위해 **히라가나**와 **가타카나**, **한자**를 주로 씁니다. 또 필요에 따라 **숫자**와 **로마자**, **기호** 등이 쓰여 지기도 합니다. 일본어 문장 속에는 이와 같이 여러 가지 문자체계가 공존하는 군요. 일본어의 히라가나, 가타카나, 한자의 역할을 우리말에서는 한글이 하고 있습니다. 그러니 우리말에 비하면 일본어 문장이 조금 복잡하게 느껴질 수도 있겠습니다.

일본어의 문자를 가나(**仮名**)라고 합니다. 가나에는 히라가나(**ひらがな**)와 가타카나(**カタカナ**) 두 가지가 있습니다. 가나가 만들어지기 전에 일본인들은 중국에서 전래 된 한자를 빌려 사용했습니다. 그러다가 한자의 음을 빌어 일본어의 발음을 표기하는 만요가나(**万葉仮名**)를 만들어 사용하기도 했습니다. 우리 선조들이 사용했던 이두 문자를 떠올리시면 이해가 빠르겠지요.

히라가나는 헤이안 시대(**平安時代** : 794~1192) 때 궁중에서 일하던 여성(**女房** : '뇨보'라고 읽음)들이 한자의 초서체를 본떠 만든 글자입니다. 이 여성들은 학식을 겸비한 엘리트 여성들이었답니다. 이 여성들이 히라가나를 만들어 일기나 수필, 소설 등을 썼습니다. 먼저 히라가나부터 익혀 볼까요?

1) 히라가나 · ひらがな

가나는 5개의 순모음(あ·い·う·え·お)을 포함하여 반모음과 모음이 합쳐진 글자(や·ゆ·よ·わ), 자음과 모음이 합쳐진 글자 등 도합 44字와 조사로만 쓰이는「を」, 발음(撥音) 「ん」으로 이루어져 있습니다.
가나를 모음과 자음의 순서로 배열한 표를 오십음도(五十音圖)라 부릅니다.

오십음도(ひらがな)

	あ段(단)	い段(단)	う段(단)	え段(단)	お段(단)	
あ行(행)	あ (a)	い (i)	う (u)	え (e)	お (o)	
か行(행	か (ka)	き (ki)	く (ku)	け (ke)	こ (ko)	
さ行(행	さ (sa)	し (shi)	す (su)	せ (se)	そ (so)	
た行(행	た (ta)	ち (chi)	つ (tsu)	て (te)	と (to)	
な行(행	な (na)	に (ni)	ぬ (nu)	ね (ne)	の (no)	
は行(행	は (ha)	ひ (hi)	ふ (hu)	へ (he)	ほ (ho)	
ま行(행	ま (ma)	み (mi)	む (mu)	め (me)	も (mo)	
や行(행	や (ya)		ゆ (yu)		よ (yo)	
ら行(행	ら (ra)	り (ri)	る (ru)	れ (re)	ろ (ro)	
行(행	わ (wa)				を (o)	ん (n)

2) 가타카나 · カタカナ

가타카나는 히라가나와 음가(音價: 발음)가 같고 모양이 다른 글자입니다. 가타카나는 한문의 훈독을 위해 한자의 일부분을 따서 만들었습니다. 히라가나보다 가타카나가 조금 더 일찍 만들어 졌다고 합니다. 지금은 주로 외국어나 외래어를 표기하는데 쓰입니다. 문장을 인용·강조하거나, 식물이름, 동물이름 등을 표기하기도 합니다. 또 의성어나 의태어를 표기하기도 합니다.

다음 오십음도를 보고 가타카나를 익혀 보세요.

오십음도(カタカナ)

	ア段	イ段	ウ段	エ段	オ段	
ア行	ア (a)	イ (i)	ウ (u)	エ (e)	オ (o)	
カ行	カ (ka)	キ (ki)	ク (ku)	ケ (ke)	コ (ko)	
サ行	サ (sa)	シ (shi)	ス (su)	セ (se)	ソ (so)	
タ行	タ (ta)	チ (chi)	ツ (tsu)	テ (te)	ト (to)	
ナ行	ナ (na)	ニ (ni)	ヌ (nu)	ネ (ne)	ノ (no)	
ハ行	ハ (ha)	ヒ (hi)	フ (hu)	ヘ (he)	ホ (ho)	
マ行	マ (ma)	ミ (mi)	ム (mu)	メ (me)	モ (mo)	
ヤ行	ヤ (ya)		ユ (yu)		ヨ (yo)	
ラ行	ラ (ra)	リ (ri)	ル (ru)	レ (re)	ロ (ro)	
ワ行	ワ (wa)				ヲ (o)	ン (n)

2 발음

발음에 대해서는 히라가나를 중심으로 익혀보겠습니다. 가타카나는 히라가나와 음가가 같습니다.

1) 청음 清音

'맑은 소리'란 뜻이군요. 50음도에 제시된 히라가나의 발음 중, 탁한 소리에 대하여 맑은 소리, 즉 탁음·반탁음 부호가 붙지 않은 가나가 나타내는 음을 청음이라 합니다.

あ行

순모음「あ(a)·い(i)·う(u)·え(e)·お(o)」로 구성됩니다.
う(u)는 우리말 '우'와 '으'의 중간쯤 되는 발음입니다. '으'를 발음할 때 보다는 입술을 조금 더 오므리고 발음합니다.

あ (a)	い (i)	う (u)	え (e)	お (o)
あい(愛) 사랑	いえ(家) 집	うえ(上) 위	いいえ 아니오	おおい(多い) 많다

か行

자음 'k'와 각각의 모음이 합쳐져「か(ka)·き(ki)·く(ku)·け(ke)·こ(ko)」의 글자를 이루었습니다.
'k'는 우리말의 'ㄱ'을 약간 세게 발음합니다. 예를 들어 'ka'의 경우, 우리말의 '가'를 약간 강하게 소리 낸다는 기분으로 발음 합니다. '감기'란 단어를 발음해 보세요. '감'의 ㄱ발음이 k발음에 가깝습니다.

か (ka)	き (ki)	く (ku)	け (ke)	こ (ko)
かき(柿) 감	きく(聞く) 듣다	おく(置く) 두다	けいかく(計画) 계획	ここ 여기, 이곳

さ行

자음 's'와 각각의 모음이 합쳐져 「さ(sa)・し(shi)・す(su)・せ(se)・そ(so)」의 글자를 이루었습니다.
s는 우리말의 'ㅅ'과 유사한 발음입니다.

さ (sa)	し (shi)	す (su)	せ (se)	そ (so)
かさ(傘) 우산	おいしい 맛있다	すし(寿司) 초밥	せかい(世界) 세계	うそ(嘘) 거짓말

た行

자음 't'와 각각의 모음이 합쳐져 「た(ta)・ち(chi)・つ(tsu)・て(te)・と(to)」의 글자를 이루었습니다.
t는 우리말의 'ㅌ'와 'ㄷ'의 중간쯤 되는 발음입니다. 예를 들어 'ta'의 경우, 우리말의 '다'를 약간 강하게 소리 낸다는 기분으로 발음 합니다. ち(chi)는 우리말의 '찌'의 발음과 흡사합니다. '찌'가 입천장의 볼록한 부분(경구개)에 혀가 닿았다 떨어지며 소리가 난다면, 일본어의 'ち'는 같은 위치에서 혀가 닿았다 떨어지는 동시에 마찰이 일어나면서 나는 소리입니다. つ(tsu)는 우리말의 '쭈'와 비슷한 발음 입니다. 다만, 'ち'를 발음할 때처럼 혀와 입천장 사이의 마찰에 주의하면서 발음해 보세요.

た (ta)	ち (chi)	つ (tsu)	て (te)	と (to)
たつ(立つ) 서다	ちかてつ(地下鉄) 지하철	つくえ(机) 책상	あいて(相手) 상대	おと(音) 소리

な行

자음 'n'과 각각의 모음이 합쳐져 「な(na)·に(ni)·ぬ(nu)·ね(ne)·の(no)」의 글자를 이루었습니다.
n은 'ㄴ'과 유사한 발음입니다.

な (na)	に (ni)	ぬ (nu)	ね (ne)	の (no)
なつ(夏) 여름	おに(鬼) 도깨비	たぬき(狸) 너구리	ねこ(猫) 고양이	きのう(昨日) 어제

は行

자음 'h'와 각각의 모음이 합쳐져 「は(ha)·ひ(hi)·ふ(hu)·へ(he)·ほ(ho)」의 글자를 이루었습니다.
h는 'ㅎ'과 유사한 발음입니다.

は (ha)	ひ (hi)	ふ (hu)	へ (he)	ほ (ho)
はな(花) 꽃	ひと(人) 사람	ふく(服) 옷	へいき(平気) 태연함	ほうほう(方法) 방법

ま行

자음 'm'과 각각의 모음이 합쳐져 「ま(ma)·み(mi)·む(mu)·め(me)·も(mo)」의 글자를 이루었습니다.
m은 우리말의 'ㅁ'과 유사한 발음입니다.

ま (ma)	み (mi)	む (mu)	め (me)	も (mo)
まつ(待つ) 기다리다	みみ(耳) 귀	むすめ(娘) 딸	あめ(雨) 비	くも(雲) 구름

や行

반모음 'y'와 'a, u, o'의 모음이 합쳐져 「や(ya)·ゆ(yu)·よ(yo)」의 글자를 이루었습니다.
'ya, yu, yo'는 우리말의 '야, 유, 요'와 유사한 발음입니다.

や (ya)	ゆ (yu)	よ (yo)
やさしい(優しい) 상냥하다	ゆき(雪) 눈	よむ(読む) 읽다

ら行

자음 'r'과 각각의 모음이 합쳐져 「ら(ra)·り(ri)·る(ru)·れ(re)·ろ(ro)」의 글자를 이루었습니다.
r은 우리말의 'ㄹ'과 유사한 발음입니다.

ら (ra)	り (ri)	る (ru)	れ (re)	ろ (ro)
そら(空) 하늘	ひかり(光) 빛	よる(夜) 밤	かれ(彼) 그, 남자 친구	おふろ(お風呂) 목욕 욕조

わ行、ん/ン

わ(wa) : 반모음 'w'와 모음 'a'가 합쳐져 한 글자를 이루었습니다.
(wa)는 우리말의 '와'와 유사한 발음입니다.

を(o) : 'お'와 음가(音價 : 발음)가 같습니다. '~을/를'에 해당하는 목적격 조사로만 쓰입니다.

ん(n) : 자음 'n'으로만 이루어져있습니다. 단어 첫머리에는 오지 않고 단독으로 단어를 이루지도 않습니다. 뒤에 오는 소리의 조음점(調音点 : 소리가 만들어지는 위치)에 따라 [m](우리말의 'ㅁ'과 유사한 발음), [n/ɲ](우리말의 'ㄴ'과 유사한 발음, [ŋ](우리말 'ㅇ'과 유사한 발음), [N](후설과 연구개를 느슨하게 오므려, 우리말의 'ㅇ'을 느슨하게 발음)로 나뉘어 발음됩니다. 복잡하고 어려운 듯하나 바로 뒤에 오는 글자를 연달아 편하게 발음하다보면 'ん'의 발음은 저절로 자연스러워 집니다.

わ (wa)	を (o)	ん (n)
わかい(若い) 젊다	ほんをよむ (本を読む) 책을 읽는다	ほん(本) 책

2) 탁음 濁音

'탁한 소리'란 뜻이군요. 오른쪽 윗부분에 탁음부호(゛)를 찍어 표시합니다. 무성음인 か行, さ行, た行, は行의 글자에 탁음부호가 붙으면 유성음이 되면서 발음이 탁해 집니다.

が行

자음 'g'와 각각의 모음이 합쳐져 「が(ga)·ぎ(gi)·ぐ(gu)·げ(ge)·ご(go)」의 글자를 이루었습니다. g는 우리말의 'ㄱ'과 유사한 발음입니다. '감기'란 단어를 발음해 보세요. '기'의 ㄱ발음이 g발음에 가깝습니다.

が (ga)	ぎ (gi)	ぐ (gu)	げ (ge)	ご (go)
まんが(漫画) 만화	かぎ(鍵) 열쇠	ぐあい(具合) 상태	かげ(影) 그림자	ごご(午後) 오후

ざ行

자음 'z'와 각각의 모음이 합쳐져 「ざ(za)·じ(ji)·ず(zu)·ぜ(ze)·ぞ(zo)」의 글자를 이루었습니다.
우리말 중에 z와 가장 비슷한 발음은 'ㅈ'라고 할 수 있겠으나, 실제 발음상에는 차이가 있습니다. ㅈ보다 마찰이 느껴지는 소리이고, 영어의 z와 유사한 발음입니다. (じ(ji)의 발음에 주의하세요.)

ざ (za)	じ (ji)	ず (zu)	ぜ (ze)	ぞ (zo)
ざせき(座席) 좌석	あじ(味) 맛	まず 우선	ぜひ 꼭	どうぞ 부디

だ行

자음 'd'와 각각의 모음이 합쳐져 「だ(da)·ぢ(ji)·づ(zu)·で(de)·ど(do)」의 글자를 이루었습니다.
d는 우리말의 'ㄷ'과 유사한 발음입니다. ぢ(ji)는 じ와 같은 소리입니다. づ(zu)는 ず와 같은 소리입니다.

だ (da)	ぢ (ji)	づ (zu)	で (de)	ど (do)
だいがく(大学) 대학	はなぢ(鼻血) 코피	かたづけ(片付け) 정리	でぐち(出口) 출구	のど(喉) 목

ば行

자음 'b'와 각각의 모음이 합쳐져 「ば(ba)·び(bi)·ぶ(bu)·べ(be)·ぼ(bo)」의 글자를 이루었습니다.
'b'는 우리말의 'ㅂ'과 유사한 발음입니다.

ば (ba)	び (bi)	ぶ (bu)	べ (be)	ぼ (bo)
ばら(薔薇) 장미	へび(蛇) 뱀	ぶじ(無事) 무사함	かべ(壁) 벽	ぼうし(帽子) 모자

3) 반탁음 半濁音

반탁음이라… '반쯤 탁한 소리'란 뜻이군요. 과연 어떤 소리가 반쯤 탁한 소리일까요.
は行글자의 오른쪽 윗부분에 반탁음부호(°)를 찍어서 표시합니다.

ぱ行

자음 'p'와 각각의 모음이 합쳐져 「ぱ(pa)·ぴ(pi)·ぷ(pu)·ぺ(pe)·ぽ(po)」의 글자를 이루었습니다.
p는 우리말의 'ㅍ'과 유사한 발음입니다.

ぱ (pa)	ぴ (pi)	ぷ (pu)	ぺ (pe)	ぽ (po)
かんぱい 건배	あんぴ(安否) 안부	ぶんぷ(分布) 분포	げんぺい(源平) 두 편으로 나뉘어 하는 승부	ぽろぽろ 뚝뚝 (떨어지는 모양)

4) 요음 拗音

작은 「ゃ, ゅ, ょ」로 표기되며 「い」를 제외한 'i'모음 글자의 오른쪽 아래에 붙어 한 글자처럼 발음 됩니다.
두 글자를 한 글자처럼 빨리 발음합니다.

き	ぎ	し	じ	ち	ぢ	に	ひ	び	ぴ	み	り
きゃ (kya)	ぎゃ (gya)	しゃ (sha)	じゃ (ja)	ちゃ (cha)	ぢゃ (ja)	にゃ (nya)	ひゃ (hya)	びゃ (bya)	ぴゃ (pya)	みゃ (mya)	りゃ (rya)
きゅ (kyu)	ぎゅ (gyu)	しゅ (shu)	じゅ (ju)	ちゅ (chu)	ぢゅ (ju)	にゅ (nyu)	ひゅ (hyu)	びゅ (byu)	ぴゅ (pyu)	みゅ (myu)	りゅ (ryu)
きょ (kyo)	ぎょ (gyo)	しょ (sho)	じょ (jo)	ちょ (cho)	ぢょ (jo)	にょ (nyo)	ひょ (hyo)	びょ (byo)	ぴょ (pyo)	みょ (myo)	りょ (ryo)

きゃ	きゅ	きょ
(kya)	(kyu)	(kyo)

きょり(距離) 거리

ぎゃ	ぎゅ	ぎょ
(gya)	(gyu)	(gyo)

じゅぎょう(授業) 수업

しゃ	しゅ	しょ
(sha)	(shu)	(sho)

しゃしん(写真) 사진

じゃ	じゅ	じょ
(ja)	(ju)	(jo)

じゃま(邪魔) 방해

ちゃ	ちゅ	ちょ
(cha)	(chu)	(cho)

おちゃ(お茶) 차

ぢゃ	ぢゅ	ぢょ
(ja)	(ju)	(jo)

めしぢゃわん(飯茶碗) 밥공기

にゃ	にゅ	にょ
(nya)	(nyu)	(nyo)

ぎゅうにゅう(牛乳) 우유

ひゃ	ひゅ	ひょ
(hya)	(hyu)	(hyo)

もくひょう(目標) 목표

びゃ	びゅ	びょ
(bya)	(byu)	(byo)

びょういん(病院) 병원

ぴゃ	ぴゅ	ぴょ
(pya)	(pyu)	(pyo)

はっぴょう(発表) 발표

みゃ	みゅ	みょ
(mya)	(myu)	(myo)

ほんみょう(本名) 본명

りゃ	りゅ	りょ
(rya)	(ryu)	(ryo)

りょこう(旅行) 여행

5) 촉음 促音

작은「っ」로 표기되며, 뒤에 오는 자음에 따라 [s], [ʃ], [p], [k], [t] 등으로 발음 됩니다.
뒤에 오는 발음을 1拍의 길이만큼 길게 발음 합니다. 拍이란 가나(仮名) 한 글자를 발음하는 길이(요음(拗音) 제외)를 말합니다. 따라서「ざっし(雑誌)」의 경우 ざ(1拍)・っ(1拍)・し(1拍)로, 총 3拍의 길이만큼 발음합니다.

발음

① ざっし(雑誌) 잡지 [s]
② がっしょう(合唱) 합창 [ʃ]
③ いっぱい(一杯) 한잔 [p]
④ がっこう(学校) 학교 [k]
⑤ こっとうひん(骨董品) 골동품 [t]

6) 장음 長音

다음의 경우에 앞 글자를 2拍의 길이만큼 길게 발음합니다.

① 같은 모음 : いいえ / こおり(氷) / おばあさん / おじいさん
② 'e'모음 뒤에 'i'모음 : せんせい(先生) / れい(例)
③ 'o'모음 뒤에 'u'모음 : がっこう(学校) / おはよう / ほんとう(本当)

주의 **가타카나의 장음표시 :** 히라가나 단어와는 달리 가타카나로 표기하는 단어에서는 장음(長音)으로 길게 읽어야 할 부분을 장음표시(—)로 표기합니다. 장음표시가 있는 부분은 한 글자 길이만큼 더 길게 발음하세요.

ケーキ cake 케이크
スカート skirt 스커트
カレー curry 카레
セーター sweater 스웨터
ノート note 노트
メール mail 메일

Part 1

1. はじめまして。	처음 뵙겠습니다
2. 私(わたし)は 大学生(だいがくせい)です。	저는 대학생이에요
3. 電話番号(でんわばんごう)を お願(ねが)いできますか。	전화번호 좀 부탁드릴 수 있을까요
4. 小(ち)さいケーキ ありますか。	작은 케이크 있어요?
5. 立派(りっぱ)な建物(たてもの)ですね。	멋진 건물이군요
6. 何(なに)が 一番(いちばん) 好(す)きですか。	무엇을 제일 좋아하나요?
7. 動物(どうぶつ)じゃありません。	동물이 아니에요
8. 今(いま) 何時(なんじ)ですか。	지금 몇 시예요?
9. 6時(じ)に 起(お)きる。	6시에 일어나다
10. 私(わたし)は 毎朝(まいあさ) 6時(じ)に 起(お)きます。	저는 매일 아침 6시에 일어나요

Part 1

1과 はじめまして。 처음 뵙겠습니다

私(わたし)が この本(ほん)の主人公(しゅじんこう)です！

名前(なまえ)　：　　　　　　　　　　/
(漢字(かんじ))　　　　(カタカナ)

所属(しょぞく)　：　　　　　大学(だいがく)　　　　　科(か)

学生番号(がくせいばんごう)：

다음 인사말을 천천히 읽고 따라 써 보세요.

처음 만났을 때

田村(たむら)　はじめまして。田村智実(たむらともみ)です。
　　　どうぞ　よろしく　お願(ねが)いします。

ソン　こんにちは。ソン・ミンスです。
　　　どうぞ　よろしく。

田村(たむら) ______________________

ソン ______________________

田村(たむら) ______________________

ソン ______________________

다무라 : 처음 뵙겠습니다. 다무라 도모미입니다. 잘 부탁드립니다.
손 : 안녕하세요. 손민수입니다. 잘 부탁드립니다.

memo

일본어 표기 시 주의할 점

일본어의 표준적인 표기방법은 한자와 가나를 함께 쓰는 방법입니다. 명사와 활용어(동사, **い**형용사, **な**형용사)의 실질적인 의미를 나타내는 부분은 한자로 표기하고, 조사나 조동사 등 문법적인 기능을 가진 부분은 히라가나로 표기합니다.
또 문장이 끝나면 **句点**(마침표: 「。」)을 찍고, 문장 내에서는 **読点**(쉼표: 「、」)를 찍습니다. 마침표와 쉼표의 모양에 주의하세요.

아는 사람을 만났을 때

森(もり)　おはようございます。

ソン　おはよう。

森(もり)　……………………

ソン　……………………

森(もり)　……………………

ソン　……………………

모리 : 안녕하세요. (아침인사)
손 : 안녕.

森(もり)　こんにちは。

ソン　こんにちは。

森(もり)　……………………

ソン　……………………

森(もり)　……………………

ソン　……………………

모리 : 안녕하세요. (오후인사)
손 : 안녕.

森(もり)　こんばんは。

ソン　こんばんは。

森(もり)　

ソン　

森(もり)　

ソン　

모리 : 안녕하세요. (저녁인사)
손 : 안녕.

森(もり)　ソンさん、お久(ひさ)しぶりですね。
お元気(げんき)ですか。

ソン　はい、おかげさまで、元気(げんき)です。

森(もり)　

ソン　

森(もり)　

ソン　

모리 : 손씨, 오랜만이군요. 잘 지내시죠?
손 : 네, 덕분에 잘 지내요.

헤어질 때

森(もり)　お先(さき)に 失礼(しつれい)します。

ソン　さようなら。

森(もり)　じゃ、また 明日(あした)。

森(もり)　

ソン　

森(もり)　

森(もり)　

ソン　

森(もり)　

모리 : 먼저 실례하겠습니다. (먼저 자리를 뜰 때)

손 : 안녕히 가세요.

모리 : 내일 또 봐.

森（もり）　どうも　ありがとうございます。

ソン　いいえ、どういたしまして。

森（もり）　

ソン　

森（もり）　

ソン　

모리 : 감사합니다.

손 : 아니요, 천만에요.

田村（たむら）　あの、すみません。

ソン　はい。

田村（たむら）　

ソン　

田村（たむら）　

ソン　

다무라 : 저기, 실례합니다.

손 : 네.

ソン　行(い)ってきます。

母　いっていらっしゃい。

ソン

母

ソン

母

손 : 다녀오겠습니다.
엄마 : 다녀오너라.

ソン　ただいま。

母　おかえりなさい。

ソン

母

ソン

母

손 : 다녀왔습니다.
엄마 : 어서 오너라.

수업이 끝날 때

先生(せんせい)　皆(みな)さん、おつかれさまでした。

学生(がくせい)　ありがとうございました。

先生(せんせい) ____________________

学生(がくせい) ____________________

先生(せんせい) ____________________

先生(せんせい) ____________________

선생님: 여러분, 수고했습니다.

학생: 감사합니다.

memo

정형적인 인사말을 좋아하는 일본인

일본인은 한국인에 비해 정해진 인사표현을 일상에서 많이 쓰는 편입니다. 예를 들면 가족 간에 「**おはようございます。**」(안녕히 주무셨어요.)나 「**いただきます。**」(잘 먹겠습니다.) 등의 인사말을 일본인의 60~70%정도가 일상적으로 사용한다는 조사결과가 있습니다. 이에 비해 한국인은 약 30% 정도만이 가족 간에 인사를 나눈다고 응답하였습니다.

일본인들이 각각의 상황에서 자주 쓰는 정형적인 인사말들을 잘 익혀보도록 합시다.

2과

私(わたし)は大学生(だいがくせい)です。

저는 대학생이에요

2과를 배우면 이런 말을 할 수 있게 돼요

- 제 이름은 ◯◯◯예요.
- 저는 대학생이에요.
- 선생님, 그건 밀크 커피예요.

학습포인트

- 일상에서 많이 쓰이는 명사를 익힙니다.
- 간단하게 자신을 소개할 수 있게 됩니다.

핵심표현

- 명사의 정의
- 私(わたし)は大学生(だいがくせい)だ。
- 私(わたし)は大学生(だいがくせい)です。
- 鈴木(すずき)さんは学生(がくせい)ですか。

1 명사란?

명사란 사물의 이름을 나타내는 말입니다.

私(わたし)	あなた	鈴木(すずき)	大学生(だいがくせい)	本(ほん)	会社員(かいしゃいん)	先生(せんせい)	これ
나	너, 당신	스즈키 (성씨의 하나)	대학생	책	회사원	선생님	이것

2 私(わたし)は 学生(がくせい)だ。 ~는 …(이)다/(이)야.

「~だ」는 우리말로 '~(이)다'라고 해석할 수 있고, 보통체(반말체)인 '~(이)야'라고 해석할 수도 있습니다.

① 私(わたし)は 大学生(だいがくせい)だ。 나는 대학생이다.

② 鈴木(すずき)さんは 会社員(かいしゃいん)だ 스즈키 씨는 회사원이다.

③ これは 本(ほん)だ。 이것은 책이다.

④ これは コーヒーだ。 이것은 커피이다.

memo

소유를 나타내는 조사「の」

조사 の는 여러 가지 의미로 쓰입니다만, 여기서는 '소유'의 의미를 가진 の에 대해 먼저 공부해 봅시다. 우리말로는 대체로 '~의'라고 해석하면 자연스럽습니다. 예문을 살펴볼까요.

① 先生(せんせい)の車(くるま)です。 선생님의 자동차예요

② それは 私(わたし)のかばんです。 그건 저의 가방이에요.

③ 先生(せんせい)のコーヒーは ミルク・コーヒーです。 선생님의 커피는 밀크커피예요.

④ 私(わたし)の名前(なまえ)は ソン・ミンスです。 저의 이름은 손민수예요.

3 私は 学生です。 ~는 …(입)니다/이에요.

「~です」는 우리말로 정중체인 '~(입)니다'라고 해석할 수 있고, 보통체인 '~예요'라고 해석할 수도 있습니다.

① 私は 大学生です。	저는 대학생입니다.
② 鈴木さんは 会社員です。	스즈키 씨는 회사원입니다.
③ これは 本です。	이것은 책이에요.
④ これは コーヒーです。	이것은 커피예요.

4 あなたは 学生ですか。 ~는 …(입)니까/인가요?

① あなたは 大学生ですか。	당신은 대학생입니까?
② 鈴木さんは 会社員ですか。	스즈키 씨는 회사원입니까?
③ これは 何ですか。	이것은 뭔가요?
④ それは あなたの本ですか。	그것은 당신의 책인가요?
⑤ キムさんの本は どれですか。	김 씨의 책은 어느 것인가요?
⑥ 先生のコーヒーは どれですか。	선생님의 커피는 어느 것인가요?

memo

손윗사람을 호칭할 때

「あなた」는 '너, 당신'이라는 의미입니다. 그러나 대화중 손윗사람을 **あなた**라고 호칭하면 실례가 될 수 있습니다. 대화 상황에서 상대방을 어떻게 호칭하면 좋을지 예문을 통해서 확인해 봅시다.

先生。	선생님!
木村さん。	기무라 씨!
せんぱい。	선배님!
部長。	부장님!

많이 쓰이는 명사

지 시		인 칭		직 업		사 물			
これ	이것	私(わたし)	나	大学生(だいがくせい)	대학생	本(ほん)	책	かばん	가방
それ	그것	あなた	너, 당신	会社員(かいしゃいん)	회사원	つくえ	책상	いす	의자
あれ	저것	鈴木(すずき)さん	스즈키 씨	先生(せんせい)	선생님	車(くるま)	자동차	くつ	신발
どれ	어느 것	彼(かれ)	그	主婦(しゅふ)	주부	コーヒー	커피	ノート	노트
		彼女(かのじょ)	그녀	軍人(ぐんじん)	군인	ケータイ	휴대전화	めがね	안경
		誰(だれ)	누구	デザイナー	디자이너				

연습 앞의 단어를 참고하여 예와 같이 문장을 만들어 보세요.

예 私(わたし)は 大学生(だいがくせい)です。 저는 대학생입니다.

① ______________ 당신은 회사원입니까?

② ______________ 저는 주부입니다.

③ ______________ 스즈키 씨는 누구인가요?

④ ______________ 스즈키 씨는 선생님입니다.

⑤ ______________ 그것은 당신의 가방인가요?

⑥ ______________ 저것은 스즈키 선생님의 자동차입니다.

⑦ ______________ 당신의 책상은 어느 것인가요?

⑧ ______________ 이것은 저의 책이에요.

こんな表現(ひょうげん)も!

の의 여러 가지 의미

• 조사 の는 여러 가지 의미로 쓰입니다. 다음 예문을 잘 익혀 상황에 적절하게 사용해 봅시다.

1. 소유·소속·속성　　~의

① 私(わたし)の本(ほん)です。　　저의/제 책입니다.

② 先生(せんせい)の車(くるま)です。　　선생님의 자동차입니다.

③ 私(わたし)の名前(なまえ)は　ソン・ミンスです。　　저의 이름은 손민수입니다.

④ 先生(せんせい)のコーヒーは　アメリカノです。　　선생님의 커피는 아메리카노입니다.

2. 명사와 명사 사이　　우리말 해석X

명사와 명사를 이어 복합명사를 만들 때 바로 이어 쓰는 우리말과는 달리 일본어에서는 「~の~」의 형태로 쓰는 경우가 많습니다. 따라서 우리말로는 해석하지 않는 것이 자연스러운 경우가 대부분입니다.

① これは　日本語(にほんご)の本(ほん)です。　　이것은 일본어 책입니다,

② 鈴木(すずき)さんは　英語(えいご)の先生(せんせい)です。　　스즈키 씨는 영어 선생님입니다.

3. 명사＋の　　~(의) 것

같은 명사의 반복을 피하기 위하여, 또는 대화 당사자 간에 서로 알고 있는 사항을 생략하고 싶을 때 씁니다.

① 本(ほん)は　私(わたし)のです。　　책은 제 것입니다.

② かばんは　先生(せんせい)のです。　　가방은 선생님 것입니다.

③ A: コーヒーは　誰(だれ)のですか。　　커피는 누구 것인가요?

　B: 友(とも)だちのです。　　친구 거예요.

本文(ほんぶん)

私(わたし)は 大学生(だいがくせい)です。

私(わたし)の名前(なまえ)は ソン・ミンスです。

私(わたし)は 学生(がくせい)です。今(いま)、〇〇大学一年生(だいがくいちねんせい)です。

どうぞ よろしく お願(ねが)いします。

어휘 체크

名前(なまえ) 이름　**今(いま)** 지금　**大学(だいがく)** 대학　**一年生(いちねんせい)** 1학년

わたしはこんなひとです! I

자기소개문을 간단히 만들어 보세요. •가타카나를 아직 모른다면 자신의 이름을 한자로 써 보세요.

私(わたし)の名前(なまえ)は ＿＿＿＿＿＿＿＿ です。

私(わたし)は ＿＿＿＿＿＿＿＿ です。今(いま) ＿＿＿＿＿＿＿＿ です。

どうぞ よろしく お願(ねが)いします。

色々(いろいろ)な職業(しょくぎょう) 여러 가지 직업 I

우리 주변에서 많이 접하는 직업에 대한 어휘를 익혀 봅시다.

회사원	의사	선생님	학생	디자이너	만화가	공무원	작가
会社員(かいしゃいん)	医者(いしゃ)	先生(せんせい)	学生(がくせい)	デザイナー	漫画家(まんがか)	公務員(こうむいん)	作家(さっか)

그 밖에 관심 있는 직업명을 조사해 보세요.

聞(き)いてみましょう

1. 다음을 듣고 그림과 연결시켜 보세요.

ⓐ ⓑ ⓒ

①

②

③

2. 다음을 받아 적어 보세요.

ⓐ ______________________________

ⓑ ______________________________

ⓑ ______________________________

3. 다음 문장을 듣고 빈칸을 채워 보세요.

ⓐ これは 日本語(にほんご) ________ 本(ほん)です。

ⓑ 私(わたし)の名前(なまえ) ________ 鈴木浩(すずきひろし)です。

ⓒ ________ よろしく お願(ねが)いします。

3과 電話番号(でんわばんごう)を お願(ねが)いできますか。

전화번호 좀 부탁드릴 수 있을까요

3과를 배우면 이런 말을 할 수 있게 돼요.

- 죄송합니다만, 전화번호 좀 부탁드려요.
- 공일공, 일이삼의 사오륙칠이요?
- 예, 감사합니다.

학습 포인트

- 간단한 숫자를 읽고 쓸 줄 알게 됩니다.
- 전화번호를 묻고 대답하는 연습을 합니다.

핵심표현

- あなたの電話番号(でんわばんごう)を お願(ねが)いできますか。
- 私(わたし)の電話番号(でんわばんごう)は 010−234−5678です。

1 다음 숫자를 읽어 보세요.

0	1	2	3	4	5	6	7	8	9	10
ゼロ/れい	いち	に	さん	し/よん	ご	ろく	しち/なな	はち	きゅう/く	じゅう

내가 만든다 예 ①, ②와 같이 자신의 전화번호를 쓰고 일본어로 읽어 보세요.

예 ① 私(わたし)の家(いえ)の電話番号(でんわばんごう)は 031−987−6543です。

ゼロ・さん・いち の きゅう・はち・なな の ろく・ご・よん・さん

예 ② 私(わたし)のケータイ番号(ばんごう)は 010−234−5678です。

ゼロ・いち・ゼロ の に・さん・よん の ご・ろく・しち・はち

① 私(わたし)の家(いえ)の電話番号(でんわばんごう)は ______ − ______ − ______ です。

② 私(わたし)のケータイ番号(ばんごう)は ______ − ______ − ______ です。

1 2 じゃんけんぽん! 가위바위보

예와 같이 주위 사람과 전화번호를 묻고 답한 후 그 내용을 이름과 함께 아래 표에 적어 보세요.

예 A: あの、すみませんが、あなたの電話番号(でんわばんごう)を お願(ねが)いできますか。

B: はい、私(わたし)の電話番号(でんわばんごう)は ○○○−○○○−○○○○です。

名前(なまえ)	電話番号(でんわばんごう)

어휘체크

私(わたし) 나 **家(いえ)** 집 **電話番号(でんわばんごう)** 전화번호 **ケータイ(携帯電話(けいたいでんわ))** 휴대전화 **名前(なまえ)** 이름

2 다음 숫자를 읽어 보세요.

11	じゅういち	20	にじゅう
12	じゅうに	30	さんじゅう
13	じゅうさん	40	よんじゅう／しじゅう
14	じゅうよん／じゅうし	50	ごじゅう
15	じゅうご	60	ろくじゅう
16	じゅうろく	70	ななじゅう／しちじゅう
17	じゅうしち／じゅうなな	80	はちじゅう
18	じゅうはち	90	きゅうじゅう
19	じゅうきゅう／じゅうく	100	ひゃく

1 2 じゃんけんぽん! 가위바위보

5~6명이 둘러앉아 1~50/51~99까지 숫자를 사용하여 빙고게임을 해 보세요. (숫자로 적고 일본어로 읽으세요)

(1~50)

(51~99)

こんな表現(ひょうげん)も!

다음 숫자를 읽어 보세요.

百(ひゃく)

100	200	300	400	500	600	700	800	900	몇 백
ひゃく	にひゃく	さんびゃく	よんひゃく	ごひゃく	ろっぴゃく	ななひゃく	はっぴゃく	きゅうひゃく	なんびゃく
百	二百	三百	四百	五百	六百	七百	八百	九百	何百

千(せん)

1000	2000	3000	4000	5000	6000	7000	8000	9000	몇 천
せん	にせん	さんぜん	よんせん	ごせん	ろくせん	ななせん	はっせん	きゅうせん	なんぜん
千	二千	三千	四千	五千	六千	七千	八千	九千	何千

万(まん)

10000	20000	30000	…	몇 만
いちまん	にまん	さんまん	…	なんまん
一万	二万	三万	…	何万

億(おく)

100000000	200000000	300000000	…	몇 억
いちおく	におく	さんおく	…	なんおく
一億	二億	三億	…	何億

本文(ほんぶん)

電話番号(でんわばんごう)を お願(ねが)いできますか。

ソン： もしもし。

森(もり)： もしもし。

ソン： 森(もり)さん、こんにちは。ソン・ミンスです。

森(もり)： ソンさん、こんにちは。

ソン： あの、すみませんが、高山(たかやま)さんのケータイ番号(ばんごう)を お願(ねが)いできますか。

森(もり)： 高山(たかやま)さんですか。010－123－4567です。

ソン： ゼロ・いち・ゼロのいち・に・さんのよん・ご・ろく・しちですね。どうも ありがとうございました。

어휘체크

もしもし 여보세요 **こんにちは** 안녕하세요 **あの** 저기, 저
すみませんが 죄송합니다만, 실례합니다만 **ケータイ番号(ばんごう)** 휴대전화 번호

聞いてみましょう

1. 다음을 듣고 아라비아 숫자로 써 보세요.

ⓐ ____________ ⓑ ____________ ⓒ ____________

2. 다음을 듣고 히라가나로 받아 써 보세요.

ⓐ ____________ ⓑ ____________ ⓒ ____________

3. 다음 문장을 듣고 빈칸을 채워 보세요.

ⓐ あなたの ____________ を お願いできますか。

ⓑ 031－ ____________ －1111です。

ⓒ ____________ －234－5522です。

日本ではどこでも見られる人形 まねきねこ

일본의 상점이나 음식점의 카운터 한쪽 구석을 보면 도자기로 된 고양이 인형장식물이 놓여 있는 경우가 많이 있다. 마치 누군가를 부르듯이 앞발 하나를 들고 앉아 있는데, 이 고양이 인형이 복을 부른다는 마네키네코(招き猫)이다.

마네키네코의 사용은 에도시대(江戸時代, 1603~1867) 후기부터였다고 하며 1990년대에 붐이 일어 다양한 색깔과 형태가 생겨났다. 색깔에 따라 그 의미가 다른데 흰색은 행운을 부르고, 흑색은 부적으로, 빨간색은 액막이 혹은 역병을 피한다는 의미가 있다고 한다. 대부분 모습이 비슷하지만 어느 쪽 발을 들고 있느냐에 따라서 복의 의미는 다르다고 한다. 일반적으로 오른쪽 발을 들고 있는 것은 돈을, 왼쪽 발을 들고 있는 것은 손님을 부른다고 한다.

사진: http://ja.wikipedia.org

4과

小(ちい)さいケーキ ありますか。

작은 케이크 있어요?

4과를 배우면 이런 말을 할 수 있게 돼요

- 달지 않은 케이크 있어요?
- 일본어는 재밌어요.
- 커피, 뜨거운 걸로 부탁드려요.

학습포인트

- 일상에서 많이 쓰이는 형용사를 익힙니다.
- 사물의 상태나 성질에 대해 표현할 수 있게 됩니다.

핵심표현

- い형용사의 정의
- ケーキは　おいしい。
- ケーキは　おいしいです。
- おいしいケーキですね。
- 甘(あま)くない。
- 甘(あま)くないです。

練習(れんしゅう)してみましょう

1 い형용사란?

형용사란 사물의 상태·성질·심정 등을 나타낸 말입니다. 일본어에서는 형용사를 모양에 따라 2가지로 분류하는데, **い**형용사란 어미가 **い**인 형용사를 말합니다.

おいしい	暑(あつ)い	かわいい
맛있다/맛있는	덥다/더운	귀엽다/귀여운

2 おいしい　맛있다/맛있는

い형용사는 문말에 있을 때와 명사 앞에 있을 때 모양이 같습니다. **い**형용사가 명사 앞에서 명사를 수식할 때 어미의 모양이 **い**이므로 **い**형용사라 합니다.

① ケーキは おいしい。/ おいしいケーキ　　케이크는 맛있다 / 맛있는 케이크

② 韓国(かんこく)の夏(なつ)は 暑(あつ)い。/ 暑(あつ)い夏(なつ)　　한국의 여름은 덥다 / 더운 여름

③ 子供(こども)は かわいい。/ かわいい子供(こども)　　어린아이는 귀엽다 / 귀여운 어린아이

3 ケーキは おいしいです。　명사는 い형용사(ㅂ)니다.

① この店(みせ)のケーキは おいしいです。　　이 집 케이크는 맛있습니다.

② 韓国(かんこく)の夏(なつ)は 暑(あつ)いです。　　한국의 여름은 덥습니다.

③ 子供(こども)は かわいいです。　　어린아이는 귀엽습니다.

어휘체크

ケーキ 케이크	**韓国(かんこく)** 한국	**夏(なつ)** 여름	**子供(こども)** 어린이, 어린아이
本(ほん) 책	**かばん** 가방	**誰(だれ)** 누구	**人(ひと)** 사람

자주 쓰는 い형용사 Ⅰ

おいしい 맛있다/맛있는	まずい 맛없다/맛없는	甘(あま)い 달다/단
辛(から)い 맵다/매운	新(あたら)しい 새롭다/새로운	熱(あつ)い 뜨겁다/뜨거운
冷(つめ)たい 차다/차가운	暖(あたた)かい 따뜻하다/따뜻한	苦(にが)い 쓰다/쓴
怖(こわ)い 무섭다/무서운	おもしろい 재미있다/재밌는	赤(あか)い 빨갛다/빨간
黄色(きいろ)い 노랗다/노란	青(あお)い 파랗다/파란	黒(くろ)い 검다/검은
長(なが)い 길다/긴	短(みじか)い 짧다/짧은	優(やさ)しい 상냥하다/상냥한
良(い)い(良(よ)い) 좋다/좋은	悪(わる)い 나쁘다/나쁜	かわいい 귀엽다/귀여운
高(たか)い 비싸다/비싼	安(やす)い 싸다/싼	大(おお)きい 크다/큰
小(ちい)さい 작다/작은	暑(あつ)い 덥다/더운	寒(さむ)い 춥다/추운
汚(きたな)い 더럽다/더러운	難(むずか)しい 어렵다/어려운	易(やさ)しい 쉽다/쉬운

내가 만든다 1 앞의 い형용사를 참고하여 예와 같이 문장을 만들어 보세요.

예 ① 私のかばんは 大きいです。 내 가방은 큽니다.

① りんごは ________ 사과는 ________

② コーヒーは ________ 커피는 ________

③ 日本語は ________ 일본어는 ________

④ この本は ________ 이 책은 ________

⑤ 私の友だちは ________ 내 친구는 ________

예 ② その大きいかばんは 私のです。 그 큰 가방은 제 것이에요.

⑥ この ________ りんごは 誰のですか。 이 ________ 사과는 누구 것인가요?

⑦ ________ Tシャツは いくらですか。 ________ T셔츠는 얼마예요?

⑧ その ________ 日本語の本は 私のです。 그 ________ 일본어 책은 제 거예요.

⑨ あの ________ 人は 鈴木さんです。 저 ________ 사람은 스즈키 씨예요.

4 おいしくないです。　　맛있지 않습니다.

い형용사를 부정형으로 만들 때는 어미 い를 く로 바꾼 후 ない／ないです／ありません을 붙입니다. 보통체와 정중체를 잘 구분해서 익혀봅시다.

① このケーキは　あまり　おいしくない。　　이 케이크는 별로 맛이 없다.

② このケーキは　あまり　おいしくないです。　　이 케이크는 별로 맛이 없습니다.

③ このケーキは　あまり　おいしくありません。　　이 케이크는 별로 맛이 없습니다.

연습 다음 い형용사를 예와 같이 보통체 부정형으로 만들어 보세요.

예 おいしい ⇒ おいしくない 맛있지 않다	まずい	甘(あま)い	辛(から)い	新(あたら)しい
熱(あつ)い	冷(つめ)たい	暖(あたた)かい	難(むずか)しい	易(やさ)しい
おもしろい	赤(あか)い	黄色(きいろ)い	青(あお)い	黒(くろ)い
長(なが)い	短(みじか)い	優(やさ)しい	良(い)い(良(よ)い)	悪(わる)い
かわいい	高(たか)い	安(やす)い	大(おお)きい	小(ちい)さい
苦(にが)い	怖(こわ)い	暑(あつ)い	寒(さむ)い	汚(きたな)い

練習(れんしゅう)してみましょう

1 2 3 4 5 6 **내가 만든다 2** 예와 같이 자유롭게 부정형 문장을 만들어 보세요.

예 ① このケーキは 甘(あま)くないです(甘(あま)くありません)。 이 케이크는 달지 않아요.

① このめがねは ______ 이 안경은 ______

② 今日(きょう)は ______ 오늘은 ______

③ 私(わたし)のケータイは ______ 내 휴대전화는 ______

④ 春(はる)は ______ 봄은 ______

⑤ 先生(せんせい)は ______ 선생님은 ______

예 ② 甘(あま)くないケーキ ありますか。 달지 않은 케이크 있습니까.

⑥ ______ ケータイ ありますか。 ______ 휴대전화 있습니까?

⑦ ______ 春(はる)です。 ______ 봄입니다.

⑧ ______ 先生(せんせい)です。 ______ 선생님입니다.

⑨ あまり ______ 一日(いちにち)です。 별로 ______ 하루입니다.

어휘체크

めがね 안경	**今日(きょう)** 오늘	**ケータイ** 휴대전화	**春(はる)** 봄
先生(せんせい) 선생님	**ありますか** 있습니까	**あまり** 별로, 그다지	**一日(いちにち)** 하루

5 この・その・あの・どの　이・그・저・어느

명사 앞에 와서 명사를 수식합니다. 명사를 수식한다는 말은, 명사를 더 풍부한 의미가 되도록 도와 준다는 의미입니다. 단독으로 사용하면 말이 안되지요.

① この本(ほん)は おもしろいです。	이 책은 재미있어요.
② その黒(くろ)いかばんは いくらですか。	그 검은 가방은 얼마예요?
③ あの人(ひと)は 誰(だれ)ですか。	저 사람은 누구예요?
④ 鈴木(すずき)さんは どの人(ひと)ですか。	스즈키 씨는 어느 사람(누구)이에요?

6 こちら・そちら・あちら・どちら　이쪽・그쪽・저쪽・어느 쪽

① こちらは 私(わたし)の友(とも)だちです。	이쪽은 제 친구입니다.
② 教室(きょうしつ)は そちらです。	교실은 그쪽입니다.
③ A: お手洗(てあら)いは どちらですか。	화장실은 어느 쪽인가요?
B: あちらです。	저쪽이에요.
④ A: あの、すみませんが、大学(だいがく)は あちらですか。	저, 실례합니다만, 대학은 저쪽인가요?
B: はい、そうです。	네, 그래요.

어휘체크

- **私(わたし)** 나
- **本(ほん)** 책
- **お手洗(てあら)い** 화장실
- **かばん** 가방
- **友(とも)だち** 친구
- **大学(だいがく)** 대학
- **りんご** 사과
- **ケーキ** 케이크
- **コーヒー** 커피
- **あまり** 별로, 그다지
- **日本語(にほんご)** 일본어
- **教室(きょうしつ)** 교실

memo

こ・そ・あ・ど의 여러 가지

「こ・そ・あ・ど」는 지시사·의문사입니다. 대화가 이루어지고 있는 현장에서 「こ」는 자신 쪽에 있는 것, 「そ」는 상대방 쪽에 있는 것, 「あ」는 대화자 둘로부터 떨어져 있는 것을 지시할 때 사용합니다. 또 지시하는 것이 무엇인지 모를 때는 의문사 「ど」를 사용합니다.

	대명사(물건)	대명사(장소)	방향	명사수식	속성	부사
こ	これ 이것	ここ 여기	こちら 이쪽	この 이	こんな 이런	こう 이렇게
そ	それ 그것	そこ 거기	そちら 그쪽	その 그	そんな 그런	そう 그렇게
あ	あれ 저것	あそこ 저기	あちら 저쪽	あの 저	あんな 저런	ああ 저렇게
ど	どれ 어느 것	どこ 어디	どちら 어느 쪽	どの 어느	どんな 어떤	どう 어떻게

종조사 「ね」와 「よ」

종조사 ね는 상대방에게 공감을 구하거나, 자신의 공감을 표현할 때 주로 사용합니다. 예문을 살펴볼까요?

① おいしいケーキですね。　맛있는 케이크네요.
② いい天気(てんき)ですね。　날씨 좋네요.
③ これ、いいですね。　이거 좋네요.

①은 함께 케이크를 먹는 사람이나 그 케이크를 먹어 본 사람과 '맛있는 케이크다.'라는 사실을 공유, 공감하고 싶은 마음이 느껴집니다. ②는 함께 길을 걸으면서 상대방도 그렇게 느낄 것이라 예상하며 인사처럼 많이 쓰이는 말입니다. ③은 같은 물건을 함께 바라보면서 나누는 대화인 듯합니다. 이 밖에도 종조사 ね에는 감동을 표현하거나 다짐을 하는 등의 다른 용법도 있습니다.
이에 비하여 종조사 よ는 상대방에게 새로운 정보를 주거나, 주의를 환기할 때 사용합니다.

① このケーキ、おいしいですよ。　이 케이크 맛있어요.
② ほら、あそこだよ。　이봐, 저쪽이야.
③ これ、いいですよ。　이거, 좋아요.

①은 상대방이 먹어 보지 못했거나 별로 맛있다고 느끼는 것 같지 않은 케이크에 대해서 '이 케이크는 맛있다'는 감상을 전달하는 문장입니다. ②는 상대방의 주의를 환기하는 표현입니다. ③번 예문도 ①번 예문과 같은 느낌입니다.

本文(ほんぶん)

小(ちい)さいケーキ ありますか。

店員(てんいん)：いらっしゃいませ。

マリ：あの、小(ちい)さいケーキ ありますか。

店員(てんいん)：はい、あります。こちらは いかがですか。

マリ：あら、かわいい。甘(あま)いですか。

店員(てんいん)：いいえ、あまり 甘(あま)くありません。

マリ：いいですね。それ、お願(ねが)いします。いくらですか。

店員(てんいん)：13,000ウォンです。

memo

ケーキ、ください。

쇼핑이나 주문을 할 때 자주 쓰이는 표현입니다. 예를 들어 본문과 같이 케이크를 살 때, 다양한 방식으로 의사를 표현할 수 있는데, 그 중에서 **「ケーキ、お願(ねが)いします。」**(케이크 부탁합니다.)와 더불어 **「ケーキ、ください。」**(케이크 주세요.)라는 표현도 같이 익혀 둡시다.

어휘체크

いらっしゃいませ 어서 오십시오	**あります** 있습니다	**いかがですか** 어떠신가요?
あら 어머, 저런	**お願(ねが)いします** 부탁드려요	**いくらですか** 얼마인가요?

聞(き)いてみましょう

1. 다음 대화를 듣고 해당하는 그림에 ◯를 넣으세요.

ⓐ

①(　　)

②(　　)

ⓑ

①(　　)

②(　　)

2. 다음 문장을 받아 적어 보세요.

ⓐ ______________________________

ⓑ ______________________________

3. 다음 대화를 듣고 빈칸을 채워 보세요.

ⓐ A: 日本語(にほんご)は 難(むずか)しいですか。

B: はい、難(むずか)しいです。______________________。

ⓑ A: このケーキは いかがですか。

B: あまり ______________________。 おいしいです。

5과

立派(りっぱ)な建物(たてもの)ですね。

멋진 건물이군요

5과를 배우면 이런 말을 할 수 있게 돼요

- 제 친구들 사진이에요.
- 이 친구는 친절한 사람이에요.
- 이 예쁜 사람은 누구예요?

학습포인트

- い형용사와 な형용사의 차이점을 알 수 있습니다.
- 사물의 상태나 성질에 대한 좀 더 풍부한 표현을 할 수 있게 됩니다.

핵심표현

- な형용사의 정의
- このケーキ屋(や)は 親切(しんせつ)だ。
- このケーキ屋(や)は 親切(しんせつ)です。
- 親切(しんせつ)な店(みせ)ですね。
- 親切(しんせつ)じゃないです。

1 な형용사란?

형용사란 사물의 상태·성질·심정 등을 나타내는 말입니다. 일본어에서는 형용사를 모양에 따라 2가지로 나누는데, な형용사란 어미가 「だ」이고, 명사 앞에서 명사를 수식할 때 어미 「だ」가 「な」로 바뀌는 형용사를 말합니다.

親切(しんせつ)だ·親切(しんせつ)な	静(しず)かだ·静(しず)かな	便利(べんり)だ·便利(べんり)な
친절하다 · 친절한	조용하다 · 조용한	편리하다 · 편리한

2 親切(しんせつ)な店(みせ)　　친절한 가게

な형용사가 문말에서 서술어로 쓰일 때는 어미가 「だ」의 모양입니다. な형용사가 명사 앞에서 명사를 수식할 때 어미의 모양이 「な」이므로 な형용사라 합니다.

① あのケーキ屋(や)は 親切(しんせつ)だ。	저 케이크 가게는 친절하다.
親切(しんせつ)なケーキ屋(や)	친절한 케이크 가게
② 私(わたし)の部屋(へや)は 静(しず)かだ。	내 방은 조용하다.
静(しず)かな部屋(へや)	조용한 방
③ 韓国(かんこく)の地下鉄(ちかてつ)は 便利(べんり)だ。	한국의 지하철은 편리하다.
便利(べんり)な地下鉄(ちかてつ)	편리한 지하철

memo

다음과 같은 보통체 표현도 익혀봅시다.

まだ、大丈夫(だいじょうぶ)。	아직 괜찮아.
あら、きれい。	어머, 예뻐라.
パクさん、すてき。	박 씨, 멋져.

3 親切(しんせつ)です。 친절합니다.

な형용사문을 정중형으로 만들 때는 어미 だ대신 です를 붙이면 됩니다.

① あのケーキ屋(や)さんは 親切(しんせつ)です。 저 케이크 가게 점원은 친절합니다.

② 私(わたし)の部屋(へや)は 静(しず)かです。 내 방은 조용합니다.

③ 韓国(かんこく)の地下鉄(ちかてつ)は 便利(べんり)です。 한국의 지하철은 편리합니다.

자주 쓰는 な형용사 I

便利(べんり)だ 편리하다	きれいだ 예쁘다/깨끗하다	静(しず)かだ 조용하다	有名(ゆうめい)だ 유명하다	にぎやかだ 번화하다
親切(しんせつ)だ 친절하다	新鮮(しんせん)だ 신선하다	立派(りっぱ)だ 훌륭하다	大丈夫(だいじょうぶ)だ 괜찮다	元気(げんき)だ 건강하다
真面目(まじめ)だ 성실하다	ハンサムだ 잘생기다	だめだ 안 된다	簡単(かんたん)だ 간단하다	暇(ひま)だ 한가하다
楽(らく)だ 편안하다	大事(だいじ)だ 소중하다	必要(ひつよう)だ 필요하다	不便(ふべん)だ 불편하다	丈夫(じょうぶ)だ 튼튼하다

어휘체크

ケーキ屋(や) 케이크 가게　部屋(へや) 방　韓国(かんこく) 한국　地下鉄(ちかてつ) 지하철　まだ 아직　あら 어머

練習(れんしゅう)してみましょう

1 2 3 4 내가 만든다 1 위의 な형용사를 참고하여 예와 같이 문장을 만들어 보세요.

예 ① 私(わたし)のかばんは きれいです。 내 가방은 깨끗해요.

① りんごは ________________ 사과는 ________________

② 私(わたし)の学校(がっこう)は ________________ 우리 학교는 ________________

③ 私(わたし)の部屋(へや)は ________________ 내 방은 ________________

④ この本(ほん)は ________________ 이 책은 ________________

⑤ 私(わたし)の友(とも)だちは ________________ 내 친구는 ________________

예 ② あのきれいな人(ひと)は 誰(だれ)ですか。 저 예쁜 사람은 누구예요?

⑥ この ________________ りんごは いくらですか。 이 ________________ 사과는 얼마인가요?

⑦ 私(わたし)の学校(がっこう)は ________________ 所(ところ)です。 우리 학교는 ________________ 곳이에요.

⑧ これは ________________ 本(ほん)です。 이것은 ________________ 책이에요.

⑨ ________________ 車(くるま)ですね。誰(だれ)のですか。 ________________ 차로군요. 누구 것인가요?

⑩ あの ________________ 人(ひと)は 鈴木(すずき)さんです。 저 ________________ 사람은 스즈키 씨예요.

어휘체크

かばん 가방	りんご 사과	学校(がっこう) 학교	部屋(へや) 방	本(ほん) 책
所(ところ) 곳(장소)	車(くるま) 자동차	誰(だれ) 누구	人(ひと) 사람	

4 静(しず)かじゃないです。 조용하지 않습니다.

な형용사문을 부정형으로 만들 때는 어미 だ를 じゃ(では)로 바꾼 후 ない／ないです／ありません을 붙입니다.

① このケーキ屋(や)は あまり 静(しず)かじゃない。 이 케이크 가게는 별로 조용하지 않다.

② このケーキ屋(や)は あまり 静(しず)かじゃないです。 이 케이크 가게는 별로 조용하지 않습니다.

③ このケーキ屋(や)は あまり 静(しず)かではありません。 이 케이크 가게는 별로 조용하지 않습니다.

연습 다음 な형용사를 예와 같이 부정형으로 만들어 보세요.

예 便利(べんり)だ ⇒ 便利(べんり)じゃない 편리하지 않다	きれいだ	静(しず)かだ	有名(ゆうめい)だ	にぎやかだ
親切(しんせつ)だ	新鮮(しんせん)だ	立派(りっぱ)だ	大丈夫(だいじょうぶ)だ	元気(げんき)だ
真面目(まじめ)だ	ハンサムだ	だめだ	簡単(かんたん)だ	暇(ひま)だ
楽(らく)だ	大事(だいじ)だ	必要(ひつよう)だ	不便(ふべん)だ	丈夫(じょうぶ)だ

1 2 3 4 내가 만든다 2

예와 같이 자유롭게 부정형 문장을 만들어 보세요.

예 このケーキ屋(や)は 静(しず)かじゃないです(静(しず)かではありません)。

이 케이크 가게는 조용하지 않습니다.

① この店(みせ)のケーキは ______ 이 가게 케이크는 ______

② ここは ______ 여기는 ______

③ 私(わたし)のくつは ______ 내 신발은 ______

④ 私(わたし)の友(とも)だちは ______ 내 친구는 ______

⑤ 私(わたし)の学校(がっこう)は ______ 나의 학교는 ______

어휘체크

店(みせ) 가게　くつ 신발, 구두　日本人(にほんじん) 일본인　学校(がっこう) 학교

立派な建物ですね。

森　：これは　スポーツ・マンの写真ですか。

ソン：いいえ、違います。友だちの写真です。

森　：みんな、元気ですね。

後ろの立派な建物は　学校ですか。

ソン：はい、そうです。ここは　学生会館です。

学食と　サークル・ルームが　あります。

森　：にぎやかですね。

ソン：はい、あまり　静かではありませんが、

楽しい所です。

memo

역접의「が」

두 문장 사이에 조사 が가 오면, 앞의 문장(절)에서 예측되는 사실이 뒤의 문장(절)에서 실현되지 않는 접속 관계, 즉 역접의 의미를 나타냅니다. 우리말로 '~지만'이라 해석하면 대체로 적당합니다.

あまり　静かではありませんが、楽しい所です。　별로 조용하지 않지만, 즐거운 곳이에요.

日本語は　簡単ではありませんが、おもしろいです。　일본어는 간단하지 않지만, 재미있어요.

ここのケーキは　甘いですが、おいしくありません。　여기 케이크는 달지만, 맛있지 않아요.

山田さんは　学生ですが、鈴木さんは　学生ではありません。　야마다 씨는 학생이지만, 스즈키 씨는 학생이 아니에요.

聞(き)いてみましょう

1. 다음 대화를 듣고 해당하는 그림에 ○표 하세요.

ⓐ

①

②

ⓑ

①

②

2. 다음 문장을 듣고 받아 적어 보세요.

ⓐ ______________________________

ⓑ ______________________________

3. 다음 대화를 듣고 빈칸을 채워 보세요.

森(もり) : ソンさん、これは 誰(だれ)の写真(しゃしん)ですか。

ソン: 友(とも)だちの写真(しゃしん)です。

森(もり) : __________ 人(ひと)ですね。

6과

何(なに)が 一番(いちばん) 好(す)きですか。

무엇을 제일 좋아하나요?

6과를 배우면 이런 말을 할 수 있게 돼요

- 좋아하는 음식은 무엇인가요?
- 저는 라면을 좋아해요.
- 과일 중에서는 딸기가 좋아요.
- 좋아하는 배우는 누구예요?

학습포인트

- 자신의 기호나 특기에 대해 일본어로 표현할 수 있게 됩니다.
- 두 개 혹은 그 이상의 사물을 비교하여 말할 수 있게 됩니다.

핵심표현

- 私(わたし)は りんごが 好(す)きです。
- 映画(えいが)と ドラマと どちらが 好(す)きですか。
- 果物(くだもの)の中(なか)で 何(なに)が 一番(いちばん) 好(す)きですか。

1 私(わたし)は コーヒーが 好(す)きです。　저는 커피가 좋습니다.

「好(す)きだ」는 우리말로 '좋다, 좋아한다'라고 해석하는 な형용사입니다. 위의 문장을 '저는 커피를 좋아합니다'라고 해석할 경우, 조사 「が」의 쓰임에 주의하세요.

① A: 私(わたし)は ミルク・コーヒーが 好(す)きです。　저는 밀크커피가 좋아요.

あなたは?　당신은요?

B: 私(わたし)は エスプレッソが 好(す)きです。　저는 에스프레소가 좋아요.

② A: わたしは この店(みせ)が 好(す)きです。　저는 이 가게가 좋아요.

B: この店(みせ)の何(なに)が 好(す)きですか。　이 집의 무엇이 좋은가요?

A: 店員(てんいん)の笑顔(えがお)が 好(す)きです。　점원의 미소가 좋아요.

③ A: 好(す)きなスポーツは 何(なん)ですか。　좋아하는 스포츠는 뭔가요?

B: 好(す)きなスポーツは サッカーです。　좋아하는 스포츠는 축구예요.

④ A: ジョンさん、果物(くだもの)、好(す)きですか。　존 씨, 과일 좋아하세요?

B: いいえ、果物(くだもの)は あまり 好(す)きじゃありません。

아니요, 과일은 별로 좋아하지 않아요.

A: マリさんは?　마리 씨는요?

C: 私(わたし)、果物(くだもの)、大好(だいす)き。　난 과일 너무 좋아해!

1 2 3 4 じゃんけんぽん! 가위바위보

옆 친구는 무슨 음식을 좋아할까요? 친구의 대답을 받아 적어 보세요.

私(わたし) : ________ さん、好(す)きな食(た)べ物(もの)は 何(なん)ですか。

________ さん: ________________________

2 私(わたし)は ごきぶりが 嫌(きら)いです。 저는 바퀴벌레가 싫어요.

「嫌(きら)いだ」는 우리말로 '싫다, 싫어한다'라고 해석하는 な형용사입니다. 위의 문장을 '저는 바퀴벌레를 싫어합니다'라고 해석할 경우, 조사 が의 쓰임에 주의하세요.

① 私(わたし)は 虫(むし)が 嫌(きら)いです。	저는 벌레가 싫어요.
② 私(わたし)は 虫(むし)は あまり 嫌(きら)いではありません。	저는 벌레는 별로 싫어하지 않아요.
③ A: 嫌(きら)いな食(た)べ物(もの)は 何(なん)ですか。	싫어하는 음식은 뭔가요?
B: 嫌(きら)いな食(た)べ物(もの)は ラーメンです。	싫어하는 음식은 라면이에요.
④ コーヒーは 苦(にが)い。大嫌(だいきら)い。	커피는 써. 아주 싫어.

1 2 3 4 じゃんけんぽん! 가위바위보

옆 친구는 무엇을 싫어할까요? 친구의 대답을 받아 적어 보세요.

私(わたし) : ________ さん、何(なに)が 嫌(きら)いですか。

________ さん : ____________________

memo

조사 「は」와 「が」

조사 は는 우리말로 '~은/는'이라 해석하면 적당합니다. 또 が는 '~이/가'라고 해석하면 큰 무리가 없습니다.

私(わたし)は コーヒーが 好(す)きです。	나는 커피가 좋아요.
私(わたし)は コーヒーは 好(す)きです。	나는 커피는 좋아요.

어휘체크

コーヒー 커피	店(みせ) 가게	店員(てんいん) 점원	笑顔(えがお) 웃는 얼굴	スポーツ 스포츠
果物(くだもの) 과일	食(た)べ物(もの) 음식	ごきぶり 바퀴벌레	虫(むし) 벌레	あまり 별로, 그다지
ラーメン 라면	苦(にが)い 쓰다			

3 上手だ・下手だ　능숙하다, 잘하다・서투르다, 잘못하다

① パクさんは 日本語が 上手です。	박 씨는 일본어가 능숙합니다.
② A: パクさん、日本語 お上手ですね。	박 씨는 일본어 잘하시는군요.
B: いいえ、まだまだです。	아니요, 아직이에요.
③ A: 中井さんは 絵が 上手ですか。	나카이 씨는 그림을 잘 그리나요?
B: はい、中井さんは 絵が とても 上手です。	네, 나카이 씨는 그림을 아주 잘 그려요.
④ 私は 歌が 下手です。	저는 노래가 미숙해요(노래를 못해요).
⑤ 私は 字が 下手です。	저는 글씨를 잘 못써요.
⑥ 水泳は 上手ですが、ボーリングは 下手です。	수영은 잘하는데, 볼링은 잘 못해요.

4 得意だ・苦手だ　잘하다, 제일 자신 있다・잘 못하다, 질색이다

① 私は コンピュータ・ゲームが 得意です。	저는 컴퓨터 게임이 특기예요.
② 私は 日本語が 得意です。	저는 일본어를 아주 잘해요.
③ A: どんなスポーツが 得意ですか。	어떤 스포츠가 특기예요?
B: サッカーが 得意です。	축구가 자신 있어요.
④ A: パクさんは ダンスが 得意ですか。	박 씨는 춤 잘 추세요?
B: いいえ、得意ではありません。	아니요, 못 춰요.
ダンスは 苦手です。	춤은 잘 못 춰요.
⑤ 私は タバコのけむりが 苦手です。	저는 담배 연기가 질색이에요.

일상에서 자주 쓰이는 어휘들을 익혀 볼까요?

果物

りんご 사과	みかん 귤	バナナ 바나나	レモン 레몬	ぶどう 포도
すいか 수박	いちご 딸기	メロン 메론	なし 배	あんず 살구
もも 복숭아	すもも 자두	きゅうり 오이	パイナップル 파인애플	

スポーツ

水泳 수영	スキー 스키	スノーボード 스노보드	バドミントン 베드민턴
野球 야구	サッカー 축구	かけっこ 달리기(경주)	バスケットボール 농구

食べ物

ごはん 밥	パン 빵	コーヒー 커피	紅茶 홍차	ミルク 우유
ラーメン 라면	豚カツ 돈가스	すし 초밥	さしみ 회	ステーキ 스테이크
キムチ 김치	オレンジ・ジュース 오렌지주스			

その他

虫 벌레	か 모기	ごきぶり 바퀴벌레	動物 동물	子犬 강아지
猫 고양이	へび 뱀	車 (자동)차	自転車 자전거	運転 운전
勉強 공부	お酒 술	タバコ 담배	デザイン 디자인	料理 요리
お金 돈	服 옷	くつ 구두, 신발	映画영화	音楽 음악

memo

上手와 得意

上手와 得意는 모두 우리말로 '잘한다'는 뜻의 な형용사이지만, 어감에는 약간의 차이가 있습니다. 上手는 객관적으로 잘한다고 인정할 수 있는 것을 의미하는 데 반해, 得意는 자신이 잘한다고 생각하는 것을 표현하는 데 쓰입니다.

こんな表現(ひょうげん)も！

앞에서 배운 어휘를 이용하여 자신의 기호를 더욱 다양하게 표현해 볼 수 있습니다.

1. 果物(くだもの)の中(なか)で 何(なに)が 一番(いちばん) 好(す)きですか。 과일 중에서 무엇이 제일 좋은가요?

여러 사항 중에 가장 어떠한 것 한 가지를 고를 때, 「**~の中(なか)で…が一番(いちばん)**」이라는 표현을 사용합니다.

① A: 果物(くだもの)の中(なか)で 何(なに)が 一番(いちばん) 好(す)きですか。	과일 중에서 무엇이 제일 좋은가요?
B: りんごが 一番(いちばん) 好(す)きです。	사과가 제일 좋아요.
② A: スポーツの中(なか)で 何(なに)が 一番(いちばん) 得意(とくい)ですか。	스포츠 중에서 무엇이 제일 능숙한가요?
B: サッカーが 一番(いちばん) 得意(とくい)です。	축구가 제일 능숙해요.
③ A: 友(とも)だちの中(なか)で 誰(だれ)が 一番(いちばん) 優(やさ)しいですか。	친구 중에서 누가 제일 다정한가요?
B: さあ。	글쎄요.

2. 映画(えいが)と ドラマと どちらが 好(す)きですか。 영화와 드라마와 어느 쪽이 좋습니까?

이 표현을 좀 더 우리말답게 표현하면 '영화와 드라마 중에 어느 것을 더 좋아하세요?'가 되겠습니다. 일본어는 두 가지 사항을 비교해서 표현할 때 「**~と…と どちらが**」라는 표현을 사용하니 주의하세요.

① A: 映画(えいが)と ドラマと どちらが 好(す)きですか。	영화와 드라마 중에 어느 것을 더 좋아하세요?
B: 私(わたし)は（ドラマより）映画(えいが)の方(ほう)が 好(す)きです。	저는 (드라마보다) 영화 쪽이 더 좋습니다.
② A: ラーメンと うどんと どちらが おいしいですか。	라면과 우동 중에 어느 것이 더 맛있나요?
B: （うどんより） ラーメンの方(ほう)が おいしいです。	(우동보다) 라면이 더 맛있어요.
③ A: ソウルと 東京(とうきょう)と どちらが 広(ひろ)いですか。	서울과 도쿄 중 어느 쪽이 더 넓나요?
B: それは、よく わかりません。	그것은 잘 모르겠어요.

④ A: 日本語(にほんご)と 英語(えいご)と どちらが 上手(じょうず)ですか。 일본어와 영어 중 어느 쪽을 더 잘하나요?

B: どちらも 上手(じょうず)ではありません。 これから 頑張(がんば)ります。

둘 다 잘 하지 못합니다. 지금부터 열심히 하겠습니다.

⑤ A: 辛(から)い料理(りょうり)と 甘(あま)い料理(りょうり)と どちらが 好(す)きですか。

매운 요리와 달콤한 요리 중 어느 것을 좋아하세요?

B: どちらも 好(す)きです。 모두 좋아해요.

memo

역접조사 「が」

단어가 아닌, 문장 끝에 が를 쓰면 역접의 의미를 나타냅니다.

うどんですか。私(わたし)は 好(す)きですが、中井(なかい)さんは 好(す)きではありません。

우동이요? 저는 좋아하지만, 나카이 씨는 좋아하지 않아요.

本文(ほんぶん)

何(なに)が 一番(いちばん) 好(す)きですか。

私(わたし)は スポーツが 好(す)きです。サッカーが 一番(いちばん) 好(す)きです。

水泳(すいえい)も 好(す)きですが、あまり 上手(じょうず)ではありません。

好(す)きな食(た)べ物(もの)は キムチ・チゲです。嫌(きら)いな食(た)べ物(もの)は ハンバーガーです。

外国語(がいこくご)は 日本語(にほんご)が 好(す)きです。

日本語(にほんご)の勉強(べんきょう)は 楽(たの)しいですが、少(すこ)し 難(むずか)しいです。

어휘체크

スポーツ 스포츠 **サッカー** 축구 **水泳(すいえい)** 수영 **食(た)べ物(もの)** 음식 **ハンバーガー** 햄버거
外国語(がいこくご) 외국어 **日本語(にほんご)** 일본어 **勉強(べんきょう)** 공부 **楽(たの)しい** 즐겁다 **少(すこ)し** 조금 **難(むずか)しい** 어렵다

わたしはこんなひとです! 2

자신에 대해 생각해 보세요. 자신이 좋아하는 것, 싫어하는 것, 잘하는 것 등에 대해 아래 표에 적어보고 일본어 문장으로 써 보세요.

好(す)きです!	嫌(きら)いです!	上手(じょうず)です!	下手(へた)です!

聞(き)いてみましょう

1. 다음 대화를 듣고 해당하는 그림에 ◯표 하세요.

①

②

③

2. 다음 대화를 받아 적어 보세요.

A: ______________________________

B: ______________________________

3. 다음 문장을 듣고 빈칸을 채워 보세요.

ⓐ 私(わたし)は 歌(うた) ____________ 下手(へた)です。

ⓑ タバコのけむりが ____________ です。

4. 다음 대화를 듣고 해당하는 그림을 선으로 연결하세요.

ⓐ 鈴木(すずき)さん　　ⓑ ソンさん　　ⓒ 田村(たむら)さん

①

②
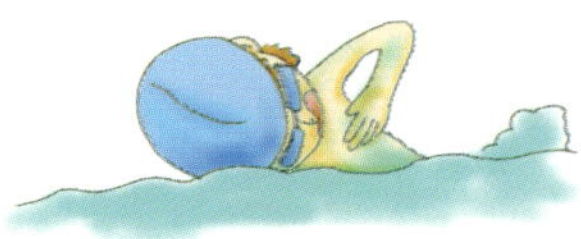

③

日本人ならだれでも気にする言葉 迷惑

'메와쿠(迷惑)'란 다른 사람으로 인해 겪게 되는 폐, 성가심, 불쾌함 등을 의미하는 단어이다. 남에게 불쾌감을 주거나 피해를 입히는 것을 「迷惑をかける(폐를 끼친다)」라고 표현한다.

일본인은 어려서부터 다른 사람에게 폐를 끼치지 않는(迷惑をかけない) 행동양식에 대해 엄격하게 교육을 받으며 자란다. 최근 한 조사기관의 여론 조사에 따르면, "자신의 자녀가 어떤 사람으로 성장하기를 바라는가?"라는 질문에 대해 가장 많은 젊은 부모가 '남에게 폐를 끼치지 않는 사람'이 되기를 바란다고 답했다.

한국의 부모들은 '어떠한 사람이 되기를' 바라는 마음으로 자녀를 교육하는 데 비해, 일본의 부모들은 '어떠한 사람이 되지 않기를' 바라는 마음으로 자녀를 교육한다는 점이 대조적이다.

참고로, 迷惑와 관계된 단어 중 일상에서 많이 쓰이는 단어를 소개하면 다음과 같다. 다음 단어들의 의미를 조사해 보자.

- 迷惑メール
- 迷惑電話
- 近所迷惑
- ありがた迷惑

7과

動物(どうぶつ)じゃありません。 동물이 아니에요

7과를 배우면 이런 말을 할 수 있게 돼요

- 괜찮아요. 어린아이가 아니니까요.
- 미소가 아주 멋진 사람이에요.
- 동물이 아니에요. 사람이에요.

학습포인트

- な형용사와 명사의 활용상 공통점과 차이점에 대해 알 수 있습니다.
- 지금까지 학습한 명사와 い형용사, な형용사를 이용하여 옆 사람과 스무고개 게임을 할 수 있습니다.

핵심표현

- な형용사와 명사
- 田村(たむら)さんは 先生(せんせい)じゃありません。学生(がくせい)です。
- おもしろい本(ほん)です。
- 有名(ゆうめい)な本(ほん)です。
- 日本語(にほんご)の本(ほん)です。

1 な형용사와 명사

な형용사는 의미상 형용사지만, 어미 「だ」를 제외한 어간은 명사입니다. 영어의 추상명사를 떠올리면 이해가 쉬울 것입니다. 만약 「便利(べんり)だ」라는 단어를 사전에서 찾아야 한다면, 어미 だ를 제외한 어간, 즉 便利(べんり)를 찾습니다. 사전에는 '명사, な형용사' 두 가지 품사가 표시되고, 의미는 '편리'라고 명사형으로 표시됩니다.

な형용사의 어간은 명사이므로 な형용사와 명사의 활용은 대부분 같습니다.

な형용사		명사	
便利(べんり)だ。	편리하다.	先生(せんせい)だ。	선생님이다.
便利(べんり)です。	편리해요.	先生(せんせい)です。	선생님이에요.
便利(べんり)じゃありません。	편리하지 않아요.	先生(せんせい)じゃありません。	선생님이 아니에요.

단, 명사에 이어지는 경우에는 な형용사와 명사의 모양이 다릅니다.

な형용사	명사
これは 有名(ゆうめい)な本(ほん)です。	これは 日本語(にほんご)の本(ほん)です。
이것은 유명한 책입니다.	이것은 일본어 책입니다.

2 い형용사・な형용사・명사＋명사

い형용사, な형용사, 명사가 각각 명사에 어떻게 이어지는지 정리해 봅시다.

① おもしろい本(ほん)ですね。	재미있는 책이로군요.
② 有名(ゆうめい)な本(ほん)ですよ。	유명한 책이에요.
③ これは 日本語(にほんご)の本(ほん)です。	이건 일본어 책이에요.

3 명사＋じゃ(では)ない・ないです・ありません

명사문을 부정형으로 만들 때는 명사에 「じゃ(では)ない・ないです・ありません」을 붙입니다.

① A: 先生(せんせい)ですか。	선생님인가요?
B: いいえ、先生(せんせい)じゃありません。学生(がくせい)です。	아니요, 선생님이 아니에요. 학생이에요.
② 大丈夫(だいじょうぶ)ですよ。子供(こども)じゃないから。	괜찮아요. 어린아이가 아니니까.
③ 犯人(はんにん)は 私(わたし)じゃないです。	범인은 제가 아니에요.

memo

이유를 나타내는 「から」

정중체나 보통체 문장 뒤에 접속사 から가 오면 이유나 목적의 의미를 갖습니다.

① 彼(かれ)は 子供(こども)じゃないから、大丈夫(だいじょうぶ)。	그는 아이가 아니니까, 괜찮아.
② 彼(かれ)は 子供(こども)じゃないですから、大丈夫(だいじょうぶ)です。	그는 아이가 아니니까요, 괜찮아요.
③ これ、おいしいですから、どうぞ。	이거, 맛있으니까, 드세요.
④ 日本語(にほんご)は 難(むずか)しくありませんから、皆(みな)さん、頑張(がんば)ってください。	일본어는 어렵지 않으니까요, 여러분 열심히 하세요.

어휘체크

日本語(にほんご) 일본어
先生(せんせい) 선생님
子供(こども) 어린이
本(ほん) 책
学生(がくせい) 학생
犯人(はんにん) 범인
おもしろい 재미있다
大丈夫(だいじょうぶ) 괜찮다

練習(れんしゅう)してみましょう

1 2 3 연습 い형용사, な형용사, 명사의 부정형을 정리해 봅시다.

예와 같이 부정형을 만들어 보세요.

い形容詞(けいようし)		
예 安(やす)い	安(やす)くないです(安(やす)くありません)。	싸지 않습니다.
寒(さむ)い		
かわいい		
おいしい		
優(やさ)しい		
おもしろい		

な形容詞(けいようし)		
예 有名(ゆうめい)だ	有名(ゆうめい)じゃないです(有名(ゆうめい)じゃありません)。	유명하지 않습니다.
便利(べんり)だ		
きれいだ		
親切(しんせつ)だ		
元気(げんき)だ		
静(しず)かだ		

名詞(めいし)		
예 大学生(だいがくせい)	大学生(だいがくせい)じゃないです(大学生(だいがくせい)じゃありません)。	대학생이 아닙니다.
私(わたし)		
会社員(かいしゃいん)		
私(わたし)のかばん		
今日(きょう)		
田村(たむら)さん		

本文(ほんぶん)

もの当(あ)てクイズ

質問(しつもん)1：それは 動物(どうぶつ)ですか。

ヒント：いいえ、動物(どうぶつ)じゃありません。

人(ひと)です。

質問(しつもん)2：男(おとこ)の人(ひと)ですか、女(おんな)の人(ひと)ですか。

ヒント：男(おとこ)の人(ひと)です。

質問(しつもん)3：学生(がくせい)ですか。

ヒント：いいえ、学生(がくせい)じゃありません。

先生(せんせい)です。

質問(しつもん)4：彼(かれ)は 日本語(にほんご)が 上手(じょうず)ですか。

ヒント：いいえ、日本語(にほんご)は あまり

上手(じょうず)ではありませんが、

英語(えいご)は とても 上手(じょうず)です。

質問(しつもん)5：英語(えいご)の先生(せんせい)！

ヒント：ビンゴ！

어휘체크

もの当(あ)てクイズ 스무고개　**動物(どうぶつ)** 동물　**人(ひと)** 사람　**男(おとこ)の人(ひと)** 남자　**女(おんな)の人(ひと)** 여자
日本語(にほんご) 일본어　**英語(えいご)** 영어　**上手(じょうず)だ** 잘한다, 능숙하다

じゃんけんぽん! 가위바위보

もの当(あ)てクイズ Ⅱ

質問(しつもん)1: それは 人(ひと)ですか。

ヒント: ① ________________________。 果物(くだもの)です。
아니요, 사람이 아니에요.

質問(しつもん)2: 酸(す)っぱいですか。

ヒント: ② ________________________。 甘(あま)いです。
아니요, 시지 않아요.

質問(しつもん)3: 赤(あか)いですか。

ヒント: いいえ、赤(あか)くありません。黄色(きいろ)いです。

質問(しつもん)4: オレンジ!

ヒント: いいえ、違(ちが)います。長(なが)い果物(くだもの)です。

質問(しつもん)5: ③ ________________!

ヒント: ビンゴ!

어휘체크

果物(くだもの) 과일　酸(す)っぱい 시다　甘(あま)い 달다　赤(あか)い 빨갛다
黄色(きいろ)い 노랗다　長(なが)い 길다

聞いてみましょう

1. 다음 대화를 잘 듣고 해당하는 음식에 표시하세요.

①  ②  ③ 

2. 다음 문장을 듣고 부정형을 써 보세요.

ⓐ ______________________________

ⓑ ______________________________

ⓒ ______________________________

3. 다음 문장을 듣고 빈칸을 채워 보세요.

ⓐ 大丈夫ですよ。子供 ________________ から。

ⓑ このドラマは ________________ ね。

ⓒ この店は あまり ________________ が、とても おいしいです。

聞(き)いてみましょう

4. 다음 문장을 듣고 빈칸을 채워 보세요.

ⓐ ________________ ですか。

ⓑ この英語(えいご) ________________ 本(ほん)は 少(すこ)し 難(むずか)しいです。

ⓒ あの ________________ 果物(くだもの)は 何(なん)ですか。

8과 今何時ですか。 지금 몇 시예요?

いま なんじ

8과를 배우면 이런 말을 할 수 있게 돼요

- 지금 몇 시예요?
- 수업은 몇 시부터예요?
- 화요일에는 일본어와 교육학이 있어요.
- 일본어는 3, 4교시예요.

학습포인트

- 시간을 말할 수 있게 됩니다.
- 시간에 관한 다양한 표현을 습득할 수 있습니다.

핵심표현

- 今(いま) 何時(なんじ)ですか。
- 1時(じ) 5分前(ふんまえ)です。
- テストは 午前(ごぜん) 9時(じ)から 10時(じ)までです。

1 何時(なんじ)ですか。　몇 시인가요?

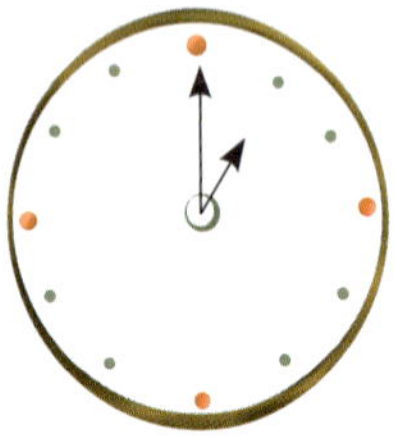

一時(いちじ)(1時)

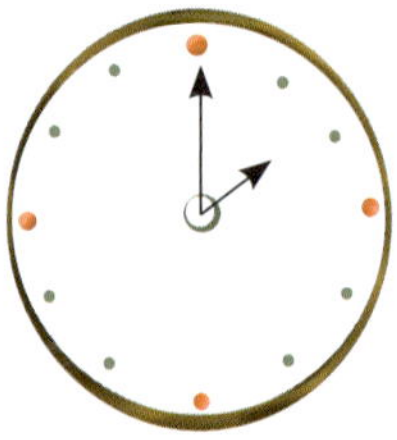

二時(にじ)(2時)

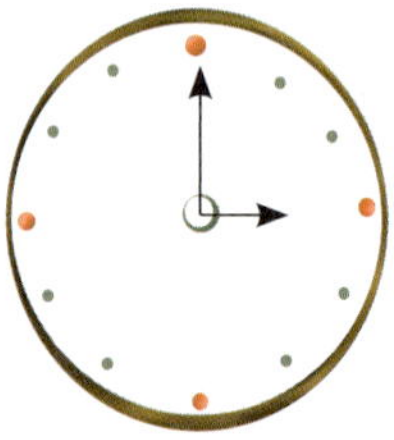

三時(さんじ)(3時)

四時(よじ)(4時)

五時(ごじ)(5時)

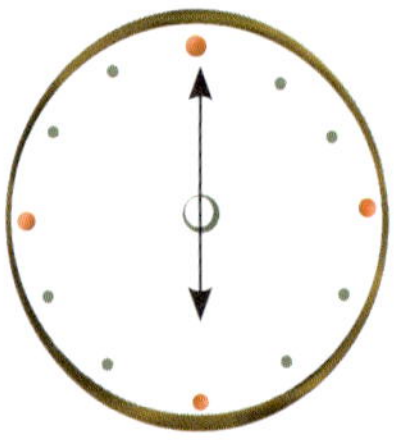

六時(ろくじ)(6時)

七時(しちじ)(7時)

八時(はちじ)(8時)

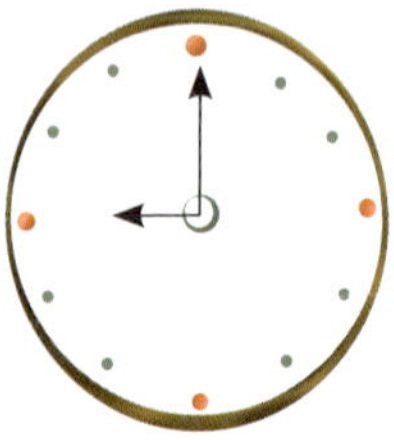

九時(くじ)(9時)

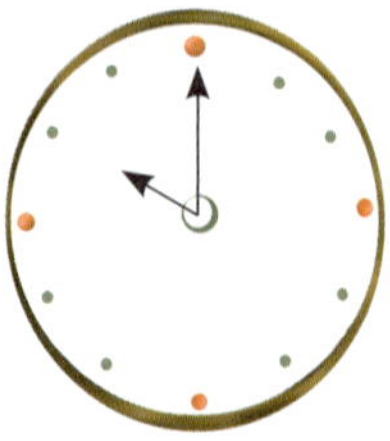

十時(じゅうじ)(10時)

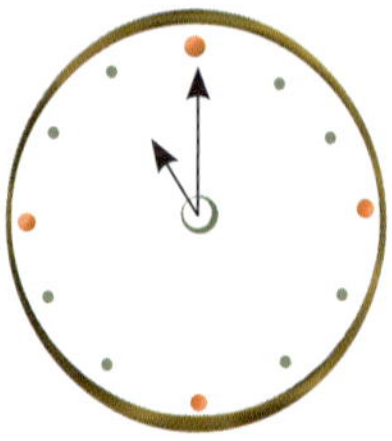

十一時(じゅういちじ)(11時)

十二時(じゅうにじ)(12時)

2 何分(なんぷん)ですか。 몇 분인가요?

一分(いっぷん) (1分)	二分(にふん) (2分)	三分(さんぷん) (3分)	四分(よんぷん) (4分)	五分(ごふん) (5分)
六分(ろっぷん) (6分)	七分(ななふん) (7分)	八分(はっぷん) (8分)	九分(きゅうふん) (9分)	十分(じっぷん) (10分)
二十分(にじゅっぷん) (20分)	三十分(さんじゅっぷん) (30分)	四十分(よんじゅっぷん) (40分)	五十分(ごじゅっぷん) (50分)	

memo

'10분'의 표기와 발음

'10분'은 「じっぷん」이라 표기하기도 하고, 「じゅっぷん」이라 표기하기도 합니다. 발음은 사람마다 미세한 차이가 있지만, じっぷん과 じゅっぷん사이의 발음이면 적당합니다.

3 1時(じ) 5分前(ふんまえ)です。 1시 5분 전이에요.

시간에 관한 다양한 표현을 익혀 봅시다.

① 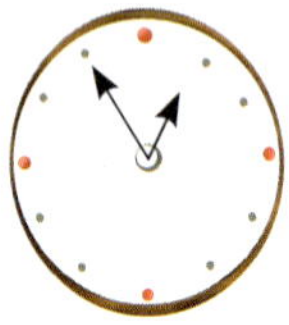

12時(じ) 55分(ふん)です。 12시 55분입니다.
(じゅういちじ ごじゅうごふん)

1時(じ) 5分前(ふんまえ)です。 1시 5분 전입니다.
(いちじ ごふん)

② 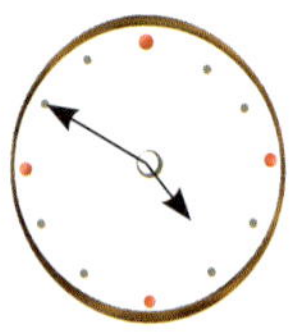

4時(じ) 50分(ぷん)です。 4시 50분입니다.
(よじ ごじゅっぷん)

5時(じ) 10分前(ぷんまえ)です。 5시 10분 전입니다.
(ごじ じゅっぷん)

③ 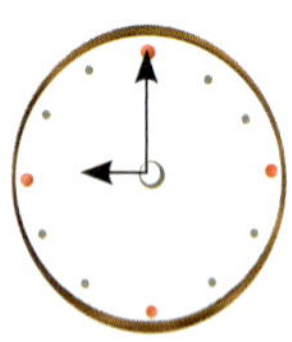

午前(ごぜん) 9時(じ)です。 오전 9시입니다.
(くじ)

④ 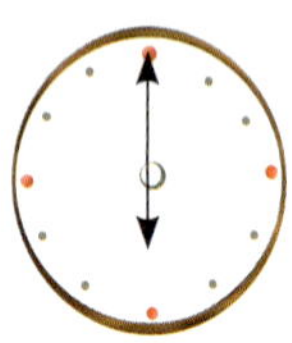

午後(ごご) 6時(じ)です。 오후 6시입니다.
(ろくじ)

⑤ 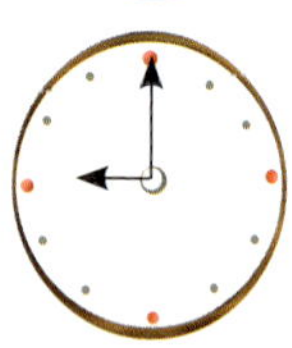

ちょうど 9時(じ)です。 9시 정각입니다.
(くじ)

⑥ 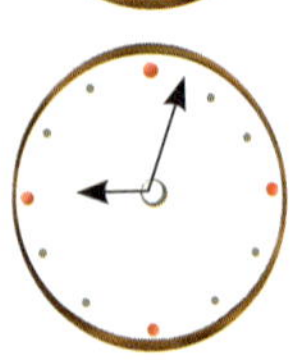

9時(じ)すぎです。 9시 조금 지났습니다.
(くじ)

⑦ 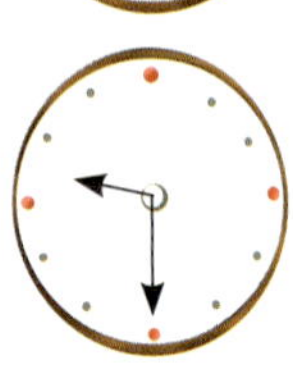

9時半(じはん)です。 9시 반입니다/9시 30분입니다.
(くじはん)

4 ~から …まで　　~부터 …까지

① A: 授業(じゅぎょう)は 何時(なんじ)から 何時(なんじ)までですか。　수업은 몇 시부터 몇 시까지인가요?
B: 午後(ごご) 1時半(じはん)から 3時(じ) 25分(ふん)までです。　오후 1시 반부터 3시 25분까지입니다.

② A: テストは 何時(なんじ)から 何時(なんじ)までですか。　테스트는 몇 시부터 몇 시까지입니까?
B: 午前(ごぜん) 9時(じ)から 10時(じ)までです。　오전 9시부터 10시까지입니다.

③ 映画(えいが)は 6時(じ)からです。　영화는 6시부터입니다.

④ デパートは 夜(よる) 8時(じ)までです。　백화점은 밤 8시까지입니다.

5 ~目(め)　　~째

① A: 1時間目(じかんめ)の授業(じゅぎょう)は 何時(なんじ)からですか。　첫째 시간은 몇 시부터인가요?
B: 9時(じ)からです。　9시부터예요.

② 5時間目(じかんめ)は 昼休(ひるやす)みです。　5교시는 점심시간이에요.

③ パクさんの席(せき)は 前(まえ)から 3番目(ばんめ)のいすです。　박 씨 자리는 앞에서 3번째 의자예요.

④ 私(わたし)は 3番目(ばんめ)の子供(こども)です。　저는 셋째입니다.

어휘체크

授業(じゅぎょう) 수업　テスト 시험　映画(えいが) 영화　デパート 백화점　昼休(ひるやす)み 점심시간
席(せき) 자리　いす 의자　子供(こども) 아이

6 曜日(ようび)　　요일

요일을 표현하는 다양한 표현을 알아볼까요?

日	月	火	水	木	金	土
にち	げつ	か	すい	もく	きん	ど

① 今日(きょう)は 何曜日(なんようび)ですか。　　오늘은 무슨 요일인가요?

② 子供(こども)の日(ひ)は 木曜日(もくようび)です。　　어린이날은 목요일이에요.

③ 土日(どにち)は 休(やす)みです。　　토, 일은 휴일입니다.

④ 水泳(すいえい)は 月水金(げっすいきん)です。　　수영은 월수금입니다.

⑤ 火木(かもく)は デザインの授業(じゅぎょう)が あります。　　화목은 디자인 수업이 있습니다.

어휘체크

今日(きょう) 오늘　　何曜日(なんようび) 무슨 요일　　土日(どにち) 토·일(요일)
月水金(げっすいきん) 월·수·금(요일)　　火木(かもく) 화·목(요일)　　授業(じゅぎょう) 수업

本文

時間割り

	月	火	水	木	金
1					
2					
3		日本語			
4					
5		昼休み			
6		教育学			
7					
8					

火曜日は 日本語と 教育学が あります。

日本語は 3、4時間目です。午前 10時 50分から 12時 30分までです。

教育学は 6、7、8時間目です。授業は 5時に 終わります。

昼休みは 12時 30分から 1時 30分までです。

어휘체크

日本語 일본어　教育学 교육학　あります 있습니다　授業 수업

に ~에　終わります 끝납니다　昼休み 점심시간

じかんわ
時間割り

	げつ 月	か 火	すい 水	もく 木	きん 金
1					
2					
3					
4					
5					
6					
7					
8					

내가 만든다 일주일 중 하루나 이틀간의 시간표를 위 표에 써 넣고 본문을 만들어 보세요.

聞いてみましょう

1. 다음 대화를 듣고 시간을 그려 넣으세요.

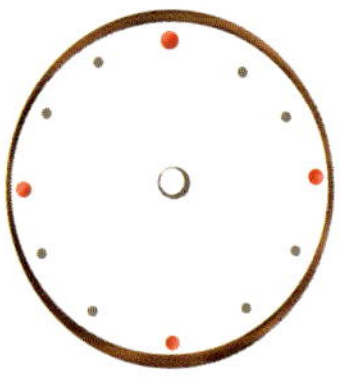
ⓐ

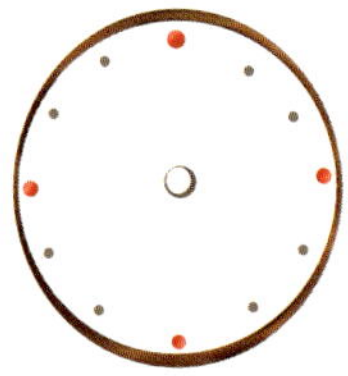
ⓑ

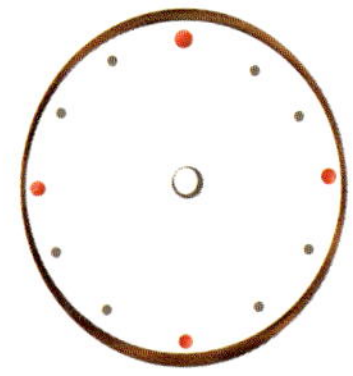
ⓒ

2. 다음 문장을 모두 받아 적어 보세요.

ⓐ ______________________________

ⓑ ______________________________

ⓒ ______________________________

3. 다음 대화를 듣고 해당하는 것끼리 선으로 연결하세요.

ⓐ

ⓑ

ⓒ

① 3:00pm.~5:00pm.　② 7:30pm~9:30pm.　③ 10:00am.~8:00pm.

日本人ならだれでも食べる 寿司

NHK 방송문화연구소에서는 2007년 전국 각지 300곳, 16세 이상의 국민 3,600명을 대상으로 실시한 조사 결과(중복 응답 가능)를 분석하여 일본인이 좋아하는 요리를 순위별로 발표하였다.

1위 : 寿司(73%)

2위 : 刺身(67%)

3위 : ラーメン(62%)

4위 : みそ汁(62%)

5위 : 焼き魚(60%)

6위 : 焼き肉・鉄板焼き(59%)

7위 : カレーライス(58%)

寿司

刺身

ラーメン

NHK 방송문화연구소 여론 조사부 저, 『일본인이 좋아하는 것』, 2008

사진 : http://ja.wikipedia.org

9과

6時(じ)に 起(お)きる。 6시에 일어나다

9과를 배우면 이런 말을 할 수 있게 돼요

- 학교에서 공부를 한다.
- 식당에서 밥을 먹는다.
- 친구와 영화를 본다.
- 역까지 걷는다.

학습포인트

- 일상에서 많이 쓰이는 동사를 익힙니다.
- 조사의 쓰임을 익힙니다.
- 동사의 기본형을 익혀 자신의 하루 일과를 일본어로 표현할 수 있게 됩니다.

핵심표현

- 동사의 정의
- ごはんを 食(た)べる。
- 学校(がっこう)へ 行(い)く。
- 朝(あさ)、6時(じ)に 起(お)きる。

1 동사란?

동사란 움직임이나 동작을 나타내는 뜻을 가진 단어를 말합니다.
일본어의 동사는 어미가 '**ウ모음**'의 글자 (**う・く・ぐ・す・つ・ぬ・ぶ・む・る**)입니다.

会(あ)う	行(い)く	泳(およ)ぐ	話(はな)す	待(ま)つ
만나다	가다	수영하다	얘기하다	기다리다
死(し)ぬ	遊(あそ)ぶ	飲(の)む	食(た)べる	
죽다	놀다	마시다	먹다	

2 조사「を」 ~을/를

동사를 공부하기 위해서는 동사술어와 의미관계가 깊은 격조사에 대해 알아야 합니다. 각 조사가 우리말로 어떻게 해석되는지 확실히 익혀 둡시다.
조사 **を**는 동작이나 작용의 목적, 대상을 나타냅니다.

① ごはんを 食(た)べる。　밥을 먹는다.

② コーヒーを 飲(の)む。　커피를 마신다.

③ アルバイトを する。　아르바이트를 한다.

④ 新聞(しんぶん)を 読(よ)む。　신문을 읽는다.

⑤ テレビを 見(み)る。　TV를 본다.

⑥ 地下鉄(ちかてつ)を 待(ま)つ。　지하철을 기다린다.

주의 동사「**会(あ)う**」와「**乗(の)る**」는 우리말에서는 '~를 만나다', '~를 타다'와 같이 목적격조사 '을/를'을 취하지만 일본어에서는 조사「に」를 취한다는 점에 주의하세요.

⑦ 友(とも)だちに 会(あ)う。　친구를 만난다.

⑧ バスに 乗(の)る。　버스를 탄다.

어휘체크

ごはん 밥	**コーヒー** 커피	**アルバイト(バイト)** 아르바이트	**新聞(しんぶん)** 신문
テレビ 텔레비전(TV)	**地下鉄(ちかてつ)** 지하철	**友(とも)だち** 친구	**バス** 버스

3 조사「へ」 ~에, ~로, ~를 향해

동작이 향하는 방향, 장소 등을 나타냅니다.

① 学校(がっこう)へ 行(い)く。 학교에 간다.

② 友(とも)だちが 家(うち)へ 来(く)る。 친구가 집에 온다.

③ 夜(よる)、家(うち)へ 帰(かえ)る。 밤에 집에 간다.

④ こちらへ どうぞ。 이쪽으로 (오세요).

4 조사「に」 ~에

시각, 이동의 도착점 등을 나타냅니다.

① 朝(あさ)、6時(じ)に 起(お)きる。 아침 6시에 일어난다.

② 夜(よる)、11時(じ)に 寝(ね)る。 밤 11시에 잔다.

③ 学校(がっこう)に 行(い)く。 학교에 간다.

④ 友(とも)だちが 家(うち)に 来(く)る。 친구가 집에 온다.

memo

조사 「へ」와 「に」는 모두 우리말로 '~에'라고 해석하면 적당한 경우가 많습니다. 그러나 두 조사 간에는 전달하고자 하는 어감에 작은 차이가 있습니다. 비슷한 다음 표현을 살펴 볼까요?

① 学校(がっこう)へ 行(い)く。 학교에 간다. ⇒ 방향에 중점을 둔 표현

② 学校(がっこう)に 行(い)く。 학교에 간다. ⇒ 도착점에 중점을 둔 표현

어휘체크

学校(がっこう) 학교 家(うち) 집 夜(よる) 밤

5 조사「で」 ~에서

동작이나 작용의 장소를 나타냅니다.

① プールで 泳ぐ。	풀에서 수영한다.
② 学校で 勉強する。	학교에서 공부한다.
③ 食堂で ごはんを 食べる。	식당에서 밥을 먹는다.
④ 公園で 遊ぶ。	공원에서 논다.
⑤ カフェで コーヒーを 飲む。	카페에서 커피를 마신다.

memo

그 밖에 지금까지 배운 조사

- **「と」** **~와/과**

동작이나 상태의 상대/대상을 나타냅니다.'~와 함께'라는 의미입니다.

① 映画と ドラマが 好きです。	영화와 드라마가 좋아요.
② 子犬と 遊ぶ。	강아지와 놀다.

- **「が」** **~이/가**

동작이나 상대의 주체를 나타냅니다.

① 誰が 一番 優しいですか。	누가 제일 상냥해요?
② どちらが おいしいですか。	어느 쪽이 맛있어요?

- **「が」** **~(입니다)만, ~(인)데요**

역접의 의미를 가진 접속조사입니다.

① あの、すみませんが、高山さんのケータイ番号を お願いできますか。
저, 죄송합니다만, 다카야마 씨의 휴대전화 번호를 부탁드려도 될까요?

② 日本語は 楽しいですが、少し 難しいです。 일본어는 즐거운데요, 조금 어려워요.

자주 쓰는 동사 표현

朝、起きる 아침에 일어난다	ごはんを 食べる 밥을 먹는다	新聞を 読む 신문을 읽는다	バスに 乗る 버스를 탄다	会社へ 行く 회사에 간다
友だちに 会う 친구를 만난다	勉強を する 공부를 한다	先生と 話す 선생님과 이야기한다	プールで 泳ぐ 풀장에서 헤엄친다	地下鉄を 待つ 지하철을 기다린다
歌を 歌う 노래를 부른다	水を 飲む 물을 마신다	子犬と 遊ぶ 강아지와 논다	テレビを 見る TV를 본다	音楽を 聞く 음악을 듣는다
家へ 帰る 집에 간다	学校に 来る 학교에 온다	お風呂に 入る 목욕한다	本を 買う 책을 산다	メールを 書く 메일을 쓴다
駅まで 歩く 역까지 걷는다	手を 洗う 손을 씻는다	コーヒーを 飲む 커피를 마신다	シャワーを する 샤워를 한다	寝る 잔다

어휘체크

プール 풀장　食堂 식당　公園 공원　カフェ 카페　映画 영화　ドラマ 드라마
好きだ 좋아하다　子犬 강아지　誰 누구　一番 가장　優しい 상냥하다　どちら 어느 쪽
おいしい 맛있다　楽しい 즐겁다　少し 조금　難しい 어렵다

연습 다음 그림을 일본어로 표현해 보세요.

① 

② 

③ 

④ 

⑤ 

⑥ 

⑦ 

⑧ 

⑨ 

⑩ 

⑪ 

⑫ 

⑬ 

⑭ 

⑮ 

⑯ 

⑰ 

⑱ 

⑲ 

⑳ 

㉑ 

㉒ 

㉓ 

㉔ 

㉕ 

本文

私の一日

私は 毎日、午前 6時に 起きる。

6時から シャワーを する。それから 朝ごはんを 食べる。

7時から コーヒーを 飲む。それから 新聞を 読む。

8時に 学校へ 行く。学校で 勉強を する。それから 友だちに 会う。

午後 4時から 7時まで バイトを する。

7時ごろ 家へ 帰る。家で 晩ごはんを 食べる。 8時から 9時まで テレビを 見る。9時から 11時まで 勉強を する。11時に 寝る。

어휘체크

毎日 매일 **それから** 그리고, 그리고 나서 **晩ごはん** 저녁밥 **ごろ** 쯤, 경

本文(ほんぶん)

내가 만든다 위와 같이 자신의 하루일과를 그리고 일본어로 말해 보세요.

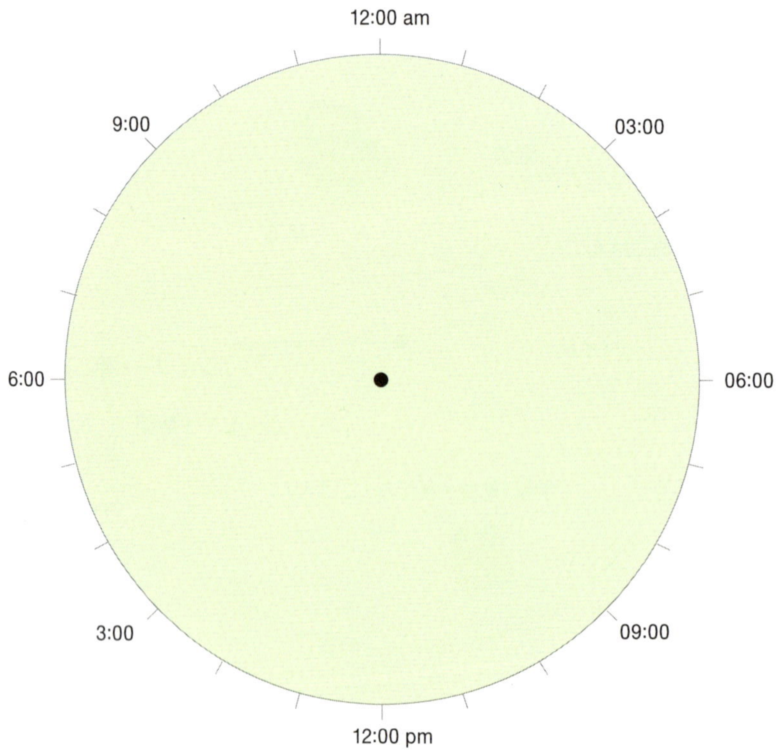

私(わたし)の一日(いちにち) I

聞(き)いてみましょう

1. 다음 문장을 듣고 해당하는 그림에 번호를 써 넣으세요.

① (　　)

② (　　)

③ (　　)

④ (　　)

⑤ (　　)

⑥ (　　)

2. 다음 문장을 모두 받아 적어 보세요.

ⓐ ______________________　ⓑ ______________________

ⓒ ______________________　ⓓ ______________________

ⓔ ______________________　ⓕ ______________________

3. 다음을 듣고 뒤에 이어질 동사를 보기에서 고르세요.

보기　① 泳(およ)ぐ　② する　③ 行(い)く　④ 飲(の)む　⑤ 洗(あら)う　⑥ 歌(うた)う

ⓐ ______________　ⓑ ______________　ⓒ ______________

ⓓ ______________　ⓔ ______________　ⓕ ______________

日本人ならだれでも知っている絵画 浮世絵

우키요에(浮世絵)는 에도시대(江戸時代 : 1603~1867)에 등장한 그림 기법으로 대개 목판화로 널리 보급되었다. 초기에는 먹물만을 사용하였으나 18세기 중엽에 이르러 여러 가지 색상을 사용하는 인쇄기법을 개발하였다.

아름다운 여인, 연극배우, 스모선수 등 주로 인물을 주제로 한 것 이외에 풍경이나 서민들의 생활상을 그리기도 하였다.

우키요에는 반 고흐를 위시한 프랑스 인상파 화가들에게 많은 영향을 미친 것으로 알려져 있다.

임영철, 『일본의 일상세계』, 2006, 제이앤씨

사진제공 : http://ja.wikipedia.org

10과

私(わたし)は 毎朝(まいあさ) 6時(じ)に 起(お)きます。

저는 매일 아침 6시에 일어나요

10과를 배우면 이런 말을 할 수 있게 돼요

- 학교에서 공부를 해요.
- 식당에서 밥을 먹어요.
- 친구와 영화를 봐요.
- 역까지 걸어요.

학습포인트

- 동사를 모양에 따라 분류할 수 있게 됩니다.
- 자신의 하루 일과를 정중형으로 바꾸어 말할 수 있게 됩니다.

핵심표현

- 동사의 종류
- 동사 ます形의 연습
- コーヒーを 飲(の)みます。
- ごはんを 食(た)べます。
- 勉強(べんきょう)を します。

1 오십음도의 「段(だん)」(단)

ア段	イ段	ウ段	エ段	オ段	
あ	い	う	え	お	
か	き	く・ぐ	け	こ	
さ	し	す	せ	そ	
た	ち	つ	て	と	
な	に	ぬ	ね	の	
は	ひ	ぶ	へ	ほ	
ま	み	む	め	も	
や		ゆ		よ	
ら	り	る	れ	ろ	
わ				を	ん
	上一段 (상1단)	어미	下一段 (하1단)		

① 일본어의 동사는 어미가 'ウ段(だん)(ウ모음)'의 글자(う・く・ぐ・す・つ・ぬ・ぶ・む・る)입니다.

② 동사의 어미가 있는 'ウ段(だん)(ウ모음)'을 기준으로 'イ段(だん)' 을 상1단(上一段)이라 합니다.

③ 동사의 어미가 있는 'ウ段(だん)(ウ모음)'을 기준으로 'エ段(だん)' 을 하1단(下一段)이라 합니다.

2 동사의 분류

동사는 모양에 따라 3가지로 분류합니다.

① **상1단 활용 동사(上一段活用動詞)**: る로 끝나는 동사 중에서 る 앞 글자가 상1단(イ段)인 동사

起(お)きる	見(み)る	落(お)ちる	降(お)りる
일어나다	보다	떨어지다	내리다

하1단 활용 동사(下一段活用動詞): る로 끝나는 동사 중에서 る 앞 글자가 하1단(エ段)인 동사

食(た)べる	寝(ね)る	かける	遅(おく)れる
먹다	자다	걸다	늦다

모든 활용은 각각 상1단과 하1단에서만 일어납니다. 「2그룹동사」라고 부르기도 합니다.

② **5단 활용 동사(五段活用動詞)** : 상하1단 활용 동사와 변격 활용 동사(変格活用動詞)를 제외한 모든 동사를 말합니다.

会(あ)う	行(い)く	泳(およ)ぐ	話(はな)す
만나다	가다	수영하다	얘기하다
待(ま)つ	死(し)ぬ	遊(あそ)ぶ	飲(の)む
기다리다	죽다	놀다	마시다
上(あ)がる	売(う)る	怒(おこ)る	
오르다	팔다	화내다	

5단(伍段)에 걸쳐 활용 합니다. 「1그룹동사」라고 부르기도 합니다.

③ **변격 활용 동사(変格活用動詞)**: 두 개의 동사가 있습니다.

来(く)る	する
오다	하다

불규칙한 활용을 합니다. 「3그룹동사」라고 부르기도 합니다.

연습 1 다음 동사를 예와 같이 분류하여 보세요.

예 起(お)きる 상1단	食(た)べる	読(よ)む	乗(の)る	行(い)く
会(あ)う	する	話(はな)す	泳(およ)ぐ	待(ま)つ
歌(うた)う	飲(の)む	遊(あそ)ぶ	見(み)る	聞(き)く
帰(かえ)る	来(く)る	入(はい)る	買(か)う	書(か)く
歩(ある)く	洗(あら)う	飲(の)む	かける	寝(ね)る

3 동사＋ます　~합니다

동사를 정중형으로 만들 때는 「ます」를 붙입니다.

① ごはんを 食べます。	밥을 먹습니다.
② コーヒーを 飲みます。	커피를 마십니다.
③ 勉強を します。	공부를 합니다.
④ 新聞を 読みます。	신문을 읽습니다.
⑤ テレビを 見ます。	TV를 봅니다.
⑥ 地下鉄を 待ちます。	지하철을 기다립니다.

memo

명사, い형용사, な형용사를 정중형으로 만들 때는 「です」를 붙입니다.

私は 学生だ。	→ 私は 学生です。	나는 학생입니다.
ケーキは おいしい。	→ ケーキは おいしいです。	케이크는 맛있습니다.
ケーキ屋は 親切だ。	→ ケーキ屋は 親切です。	케이크 가게는 친절합니다.

4 동사의 ます형

상하1단 활용 동사, 5단 활용 동사, 변격 활용 동사가 각각 활용의 모습이 다릅니다.
다음 설명을 참조하여 각 동사에 **ます**를 붙여 보세요.

① **상하1단 활용 동사** : 어미 る를 떼어내고 ます를 붙입니다.

起(お)きる → 起(お)きます　見(み)る ______　落(お)ちる ______　降(お)りる ______

食(た)べる ______　寝(ね)る ______　かける ______　遅(おく)れる ______

② **5단 활용 동사** : ウ모음의 어미를 イ모음의 글자로 바꾼 후 ます를 붙입니다.

会(あ)う → 会(あ)います　行(い)く ______　泳(およ)ぐ ______　話(はな)す ______

待(ま)つ ______　死(し)ぬ ______　遊(あそ)ぶ ______　飲(の)む ______

上(あ)がる ______　売(う)る ______　怒(おこ)る ______

③ **변격 활용 동사** : 활용된 모양을 외웁니다.

来(く)る → 来(き)ます　　する → します

연습 1 다음 기본형 문장을 **예**와 같이 정중형으로 바꿔 말해 보세요.

예 朝、起きる ⇒ 朝、起きます	ごはんを 食べる	新聞を 読む	バスに 乗る	会社へ 行く
友だちに 会う	勉強を する	先生と 話す	プールで 泳ぐ	地下鉄を 待つ
歌を 歌う	水を 飲む	子犬と 遊ぶ	テレビを 見る	音楽を 聞く
家へ 帰る	学校に 来る	お風呂に 入る	本を 買う	メールを 書く
駅まで 歩く	手を 洗う	コーヒーを 飲む	シャワーを する	寝る

本文(ほんぶん)

私(わたし)は 毎朝(まいあさ) 6時(じ)に 起(お)きます。

私(わたし)は 毎日(まいにち)、午前(ごぜん) 6時(じ)に 起(お)きます。

6時(じ) 30分(ぷん)から シャワーを します。それから 朝(あさ)ごはんを 食(た)べます。

7時(じ)から コーヒーを 飲(の)みます。それから 新聞(しんぶん)を 読(よ)みます。

8時(じ)に 学校(がっこう)へ 行(い)きます。学校(がっこう)で 勉強(べんきょう)をします。

それから 友(とも)だちに 会(あ)います。学食(がくしょく)で 昼(ひる)ごはんを 食(た)べます。

午後(ごご) 4時(じ)から 7時(じ)まで バイトを します。

7時(じ)ごろ 家(うち)へ 帰(かえ)ります。家(うち)で 晩(ばん)ごはんを 食(た)べます。8時(じ)から 9時(じ)まで テレビを 見(み)ます。9時(じ)から 勉強(べんきょう)を します。11時(じ)ごろ 寝(ね)ます。

어휘체크

学食(がくしょく) 학생식당　　昼(ひる)ごはん 점심밥

내가 만든다 9과에서 써 본 「私の一日 I」를 정중형 문장으로 다시 써 보세요.

私の一日 Ⅱ

聞(き)いてみましょう

1. 다음 문장을 듣고 순서를 적어 보세요.

ⓐ (　　)

ⓑ (　　)

ⓒ (　　)

2. 다음을 듣고 받아 적어 보세요.

ⓐ ______________________________

ⓑ ______________________________

ⓒ ______________________________

3. 다음 문장을 듣고 빈칸을 채워 보세요.

ⓐ 家(うち) ____________ 晩(ばん)ごはんを 食(た)べます。

ⓑ 家(うち) ____________ 帰(かえ)ります。

ⓒ 11時(じ) ____________ 寝(ね)ます。

4. 다음 동사의 기본형을 듣고 정중형(ます形[けい])을 쓰세요.

ⓐ ______________________________

ⓑ ______________________________

ⓒ ______________________________

ⓓ ______________________________

ⓔ ______________________________

Part 2

11. 昨日(きのう)は 何(なに)を しましたか。 — 어제는 무엇을 했나요?

12. かぎは 引(ひ)き出(だ)しの中(なか)に あります。 — 열쇠는 서랍 안에 있어요

13. ビールを 飲(の)みながら 映画(えいが)の話(はな)しを します。 — 맥주를 마시면서 영화 이야기를 해요

14. お誕生日(たんじょうび)は いつですか。 — 생일은 언제인가요?

15. インドへ 行(い)きたいです。 — 인도에 가고 싶어요

16. 安(やす)くて おいしいです。 — 싸고 맛있어요

17. ごはんを 食(た)べて、学校(がっこう)へ 行(い)きます。 — 밥을 먹고, 학교에 가요

18. 学生番号(がくせいばんごう)を 書(か)いてください。 — 학번을 써 주세요

19. 図書館(としょかん)で 本(ほん)を よんでいます。 — 도서관에서 책을 읽고 있어요

20. 私(わたし)は こんな人(ひと)です。 — 저는 이런 사람이에요

Part 2

11과

昨日(きのう)は 何(なに)を しましたか。

어제는 무엇을 했나요?

11과를 배우면 이런 말을 할 수 있게 돼요

- 같이 차라도 마시지 않을래요?
- 어제는 밤늦게까지 술을 마셨어요.
- 스즈키 씨는 아무 말도 하지 않았어요.
- 뭔가 질문 있어요?

학습포인트

- 동사의 「ます形」표현을 부정형으로 말할 수 있게 됩니다.
- 동사의 「ます形」표현을 과거 긍정형으로 말할 수 있게 됩니다.
- 동사의 「ます形」표현을 과거 부정형으로 말할 수 있게 됩니다.

핵심표현

- 飲(の)みません。
- 飲(の)みました。
- 飲(の)みませんでした。
- 一緒(いっしょ)に 飲(の)みませんか。

1 飲(の)みます・飲(の)みません　마십니다・마시지 않습니다

① 私(わたし)は 毎朝(まいあさ)、コーヒーを 飲(の)みます。　나는 매일아침, 커피를 마십니다.

② 浩(ひろし)さんは コーヒーは 飲(の)みません。　히로시 씨는 커피는 마시지 않습니다.

③ 明日(あした)、東京(とうきょう)へ 行(い)きます。　내일, 도쿄에 갑니다.

④ 明日(あした)は 休(やす)みですから 会社(かいしゃ)へ 行(い)きません。　내일은 휴일이기 때문에, 회사에 가지 않습니다.

2 飲(の)みました・飲(の)みませんでした　마셨습니다・마시지 않았습니다

① 昨日(きのう)は 夜遅(よるおそ)くまで お酒(さけ)を 飲(の)みました。　어제는 밤늦게까지 술을 마셨습니다.

② 浩(ひろし)さんは 全然(ぜんぜん) 飲(の)みませんでした。　히로시 씨는 조금도 마시지 않았습니다.

③ いろんなことを 話(はな)しました。　여러 가지 이야기를 했습니다.

④ 結局(けっきょく)、何(なに)も 話(はな)しませんでした。　결국, 아무 말도 하지 않았습니다.

memo

시제 표현을 위하여 꼭 알아야 할 어휘

おととい	昨日(きのう)	今日(きょう)	明日(あした)	あさって
그저께	어제	오늘	내일	모레
先先月(せんせんげつ)	先月(せんげつ)	今月(こんげつ)	来月(らいげつ)	再来月(さらいげつ)
지지난달	지난달	이달	다음달	다다음달
一昨年(おととし)	去年(きょねん)(昨年(さくねん))	今年(ことし)	来年(らいねん)	再来年(さらいねん)
재작년	작년	올해	내년	내후년

어휘체크

毎朝(まいあさ) 매일 아침　東京(とうきょう) 도쿄(일본의 수도)　休(やす)み 휴일, 휴식, 휴가　会社(かいしゃ) 회사　夜(よる) 밤
遅(おそ)くまで 늦게까지　お酒(さけ) 술　全然(ぜんぜん) 전혀　いろんなこと 여러 가지 일　結局(けっきょく) 결국

1 2 3 4 **연습** 제시된 문장을 우리말에 해당하는 일본어로 고쳐 보세요.

学校(がっこう)へ 行(い)きます。 학교에 갑니다.	午前(ごぜん)、＿＿＿＿＿＿＿＿ 오전에 학교에 갔습니다.
友(とも)だちが 来(き)ます。 친구가 옵니다.	今日(きょう)は ＿＿＿＿＿＿＿＿ 오늘은 친구가 오지 않습니다.
レポートを 書(か)きます。 레포트를 씁니다.	友(とも)だちと ＿＿＿＿＿＿＿＿ 친구와 레포트를 썼습니다.
歌(うた)を 歌(うた)います。 노래를 부릅니다.	鈴木(すずき)さんは ＿＿＿＿＿＿＿＿ 스즈키상은 노래를 부르지 않았습니다.
友(とも)だちと 遊(あそ)びます。 친구와 놉니다.	＿＿＿＿ 公園(こうえん)で ＿＿＿＿＿＿＿＿ 친구와 공원에서 놀았습니다.
バスを 待(ま)ちます。 버스를 기다립니다.	停留所(ていりゅうじょ)で ＿＿＿＿＿＿＿＿ 정류장에서 버스를 기다렸습니다.
ノートを 買(か)います。 노트를 삽니다.	＿＿＿＿＿＿＿＿ 노트는 사지 않았습니다.
勉強(べんきょう)を します。 공부를 합니다.	図書館(としょかん)で ＿＿＿＿＿＿＿＿ 도서관에서 공부를 했습니다.
ピザを 食(た)べます。 피자를 먹습니다.	私(わたし)は ＿＿＿＿＿＿＿＿ 저는 피자는 먹지 않습니다.
本(ほん)を 読(よ)みます。 책을 읽습니다.	＿＿＿＿＿＿＿＿ 책을 읽지 않았습니다.
タクシーに 乗(の)ります。 택시를 탑니다.	私(わたし)は 毎日(まいにち) 歩(ある)きます。＿＿＿＿＿＿＿＿ 저는 매일 걷습니다. 택시는 타지 않습니다.

3 どこかへ 行(い)きましたか。 어딘가에 갔었습니까?

① A: 日曜日(にちようび)に どこかへ行(い)きましたか。 일요일에 어딘가 갔었나요?
B1: はい、行(い)きました。 예, 갔었습니다.
B2: いいえ、どこへも 行(い)きませんでした。 아니요, 아무 데도 가지 않았어요.

② A: 何(なに)か 質問(しつもん) ありますか。 뭔가 질문 있나요?
B1: はい、あります。 예, 있습니다.
B2: いいえ、ありません。 아니요, 없습니다.

③ A: ポケットの中(なか)に 何(なに)か ありますか。 주머니 안에 뭔가 있나요?
B1: はい、あります。コインが あります。 예, 있어요. 동전이 있어요.
B2: いいえ、何(なに)も ありません。 아니요, 아무것도 없어요.

④ A: 昨日(きのう)、誰(だれ)か 来(き)ましたか。 어제 누군가 왔나요?
B1: はい、鈴木(すずき)さんが 来(き)ました。 예, 스즈키 씨가 왔었어요.
B2: いいえ、誰(だれ)も 来(き)ませんでした。 아니요, 아무도 안 왔어요.

4 一緒(いっしょ)に 飲(の)みませんか。　같이 마시지 않을래요?

상대방에게 제안을 하는 표현입니다.

① 明日(あした)、公園(こうえん)へ 行(い)きませんか。　내일, 공원에 가지 않을래요?

② 少(すこ)し 歩(ある)きませんか。　조금 걷지 않을래요?

③ 一緒(いっしょ)に お茶(ちゃ)でも 飲(の)みませんか。　같이 차라도 마시지 않을래요?

④ ごはん、食(た)べませんか。　밥 먹지 않을래요?

⑤ 疲(つか)れました。今日(きょう)は 早(はや)く 帰(かえ)りませんか。　피곤해요. 오늘은 일찍 돌아가지 않을래요?

memo

이 표현 익혀 두세요.

喉(のど)が 乾(かわ)きました。一緒(いっしょ)に お茶(ちゃ)でも 飲(の)みませんか。　목이 말라요. 같이 차라도 마시지 않을래요?

お腹(なか)が 空(す)きましたね。ごはん 食(た)べませんか。　배가 고프네요. 밥 먹지 않을래요?

疲(つか)れました。今日(きょう)は 早(はや)く 帰(かえ)りませんか。　피곤해요. 오늘은 일찍 돌아가지 않을래요?

練習(れんしゅう)してみましょう

こんな表現(ひょうげん)も！

상대방에게 무언가를 제안하고 싶을 때, 「~ませんか」(~하지 않을래요?)와 함께 유용한 표현을 더 알아 봅시다. 「~ましょう」는 '~합시다', 「~ましょうか」는 '~할까요?'라고 해석합니다. 세 표현의 어감의 차이에 유의하면서 예문을 익혀 봅시다.

1. 一緒(いっしょ)に 飲(の)みましょう。	같이 마십시다.
① 明日(あした)、公園(こうえん)へ 行(い)きましょう。	내일, 공원에 갑시다.
② 少(すこ)し 歩(ある)きましょう。	조금 걸읍시다.
③ 一緒(いっしょ)に お茶(ちゃ)でも 飲(の)みましょう。	같이 차라도 마십시다.
④ ごはん、食(た)べましょう。	밥, 먹읍시다.
⑤ 疲(つか)れました。今日(きょう)は 早(はや)く 帰(かえ)りましょう。	피곤해요. 오늘은 일찍 돌아갑시다.

2. 一緒(いっしょ)に 飲(の)みましょうか。	같이 마실까요?
① 明日(あした)、公園(こうえん)へ 行(い)きましょうか。	내일, 공원에 갈까요?
② 少(すこ)し 歩(ある)きましょうか。	조금 걸을까요?
③ 一緒(いっしょ)に お茶(ちゃ)でも 飲(の)みましょうか。	같이 차라도 마실까요?
④ ごはん、食(た)べましょうか。	밥, 먹을까요?
⑤ 疲(つか)れました。今日(きょう)は 早(はや)く 帰(かえ)りましょうか。	피곤해요. 오늘은 일찍 돌아갈까요?

어감의 차이

다음 ❶, ❷, ❸ 표현의 어감의 강도를 비교해 볼까요?

❶ 一緒(いっしょ)に 行(い)きませんか。　❷ 一緒(いっしょ)に 行(い)きましょうか。　❸ 一緒(いっしょ)に 行(い)きましょう。

위의 세 가지 표현 중 제안의 강도가 가장 센 표현은 어느 것일까요? 제안의 강도가 강한 순서로 예문을 나열한다면 ❸ → ❷ → ❶의 순서가 될 것입니다.상황에 따라 적절한 표현을 사용할 수 있도록 세 가지 표현을 잘 익혀 둡시다.

本文(ほんぶん)

アンケート

名前(なまえ) ＿＿＿＿＿＿＿＿

大学生(だいがくせい)の夏休(なつやす)みの生活(せいかつ)についてのアンケートです。

1. 夏休(なつやす)みに どこかへ 旅行(りょこう)に 行(い)きましたか。

➔ ⓐ はい、行(い)きました。

ⓑ いいえ、どこへも 行(い)きませんでした。

(ⓐの場合(ばあい)) どこへ 行(い)きましたか。

➔

(ⓑの場合(ばあい)) 家(うち)で 何(なに)を しましたか。

➔

2. 夏休(なつやす)みに 何(なに)か バイトを しましたか。

➔ ⓐ はい、しました。

ⓑ いいえ、何(なに)も しませんでした。

(ⓐの場合(ばあい)) どんな バイトを しましたか。

➔ サービス　販売(はんばい)　製造(せいぞう)　営業(えいぎょう)　IT　教育(きょういく)

その他(た)(　　　　　　　　　　　)

本文(ほんぶん)

3. 夏休み(なつやすみ)に 何(なに)か 勉強(べんきょう)を しましたか。

➔ ⓐ はい、けっこう しました。
ⓑ はい、少(すこ)し しました。
ⓒ いいえ、あまり しませんでした。
ⓓ いいえ、全然(ぜんぜん) しませんでした。

(ⓐ、ⓑ、ⓒの場合(ばあい)) 何(なに)を 勉強(べんきょう)しましたか。
➔ 専門(せんもん)の勉強(べんきょう)　　外国語(がいこくご)の勉強(べんきょう)(日本語(にほんご)、英語(えいご)、中国語(ちゅうごくご)、その他(た))
その他(た)(　　　　　　　　　　)

調査結果表(ちょうさけっかひょう)

※ 클래스 내에서의 조사 결과를 정리해 봅시다.

	旅行(りょこう)	アルバイト	勉強(べんきょう)	その他(た)	総人数(そうじんすう)
人数(にんずう)					
%(パーセント)	%	%	%	%	%

어휘체크

少(すこ)し 조금　あまり 별로　全然(ぜんぜん) 전혀　専門(せんもん) 전공
外国語(がいこくご) 외국어　英語(えいご) 영어　中国語(ちゅうごくご) 중국어

聞(き)いてみましょう

1. 다음 대화를 듣고 해당하는 그림에 ◯표 하세요.

ⓐ

ⓑ

2. 다음 대화를 듣고 해당하는 그림과 해당하는 항목에 ◯표 하세요.

ⓐ (昨日(きのう)、おととい)

ⓑ (昨日(きのう)、おととい)

ⓒ (昨日(きのう)、おととい)

3. 다음 문장을 듣고 빈칸을 채워 보세요.

ⓐ 昨日(きのう)は ＿＿＿＿＿＿＿＿ 行(い)きませんでした。

ⓑ A: 何(なに)か 質問(しつもん)ありますか。

B: いいえ、＿＿＿＿＿＿＿＿。

ⓒ 昨日(きのう)は 夜遅(よるおそ)くまで お酒(さけ)を ＿＿＿＿＿＿＿＿。

ⓓ 浩(ひろし)さんは 何(なに)も ＿＿＿＿＿＿＿＿。

日本人(にほんじん)ならだれでも知(し)っている歌(うた)

きらきら星(ぼし)

반짝반짝 별

武鹿悦子(ぶしかえつこ) 作詞(さくし)・フランス民謡(みんよう)

きらきらひかる　　반짝반짝 빛나는
お空(そら)の星(ほし)よ。　　하늘의 별이여.
まばたきしては　　깜빡거리고는
みんなを見(み)てる。　　모두를 보고 있네.
きらきらひかる　　반짝반짝 빛나는
お空(そら)の星(ほし)よ。　　하늘의 별이여.

きらきらひかる　　반짝반짝 빛나는
お空(そら)の星(ほし)よ。　　하늘의 별이여.
みんなの歌(うた)が　　모두의 노래가
届(とど)くといいな。　　닿으면 좋겠네.
きらきらひかる　　반짝반짝 빛나는
お空(そら)の星(ほし)よ。　　하늘의 별이여.

* 이 노래는 우리나라 어린이들도 즐겨 부르는 동요 〈반짝 반짝 작은 별〉입니다. 노래가 익숙해지면 돌림노래로 불러도 재미있습니다.

12과

かぎは 引(ひ)き出(だ)しの中(なか)に あります。

열쇠는 서랍 안에 있어요

12과를 배우면 이런 말을 할 수 있게 돼요

- 모리 씨는 어디에 있나요?
- 벤치 뒤에 있어요.
- 열쇠를 찾았어요.
- 서랍 안에 있었어요.

학습포인트

- 동사 「いる」와 「ある」의 쓰임을 구분할 수 있습니다.
- 동사 「いる」와 「ある」를 적절히 사용하여 위치를 표현할 수 있습니다.

핵심표현

- かぎが あります。
- 森(もり)さんが います。
- 引(ひ)き出(だ)しの中(なか)に かぎが あります。
- ベンチの後(うし)ろに 森(もり)さんが います。

1 ある・いる　　있다

우리말의 '있다'에 해당하는 동사가 일본어에는「いる」,「ある」두 개가 있습니다.

① かぎが　あります。	열쇠가 있습니다.
② 本(ほん)が　あります。	책이 있습니다.
③ ごみ箱(ばこ)が　あります。	휴지통이 있습니다.
④ 花(はな)が　あります。	꽃이 있습니다.
⑤ 森(もり)さんが　います。	모리 씨가 있습니다.
⑥ 子犬(こいぬ)が　います。	강아지가 있습니다.
⑦ 虫(むし)が　います。	벌레가 있습니다.

위의 문장들을 잘 읽어 보고, 주어의 어떤 성격에 따라 동사가 いる와 ある로 나뉘어 쓰이는지 유추해 보세요.

	いる	ある
주어의 성격		

어휘체크　かぎ 열쇠　ごみ箱(ばこ) 휴지통　花(はな) 꽃　虫(むし) 벌레

2 好(す)きな人(ひと)、いますか。　좋아하는 사람 있어요?

① ゆうべ、勉強会(べんきょうかい)が ありました。　어젯밤에 공부모임이 있었어요.

② A: これ、少(すこ)し 小(ちい)さいですが。　이거, 좀 작은데요.
　B: ここに 大(おお)きいサイズも ありますよ。　여기에 큰 사이즈도 있어요.

③ 新宿(しんじゅく)には いつも 人(ひと)が たくさん います。　신주쿠에는 언제나 사람이 많이 있어요.

⑤ 教室(きょうしつ)には 誰(だれ)も いません。　교실에는 아무도 없어요.

⑥ ソンさんは 出張中(しゅっちょうちゅう)です。今(いま)、日本(にほん)に います。
손 씨는 출장중입니다. 지금 일본에 있습니다.

어휘체크

ゆうべ 어젯밤	勉強会(べんきょうかい) 공부모임	少(すこ)し 조금	教室(きょうしつ) 교실
誰(だれ) 누구	出張中(しゅっちょうちゅう) 출장중	今(いま) 지금	

3 上(うえ)・下(した)・中(なか)　　위・아래・안(속)

① 本(ほん)は　つくえの上(うえ)に　あります。　　책은 책상 위에 있습니다.

② ごみ箱(ばこ)は　つくえの下(した)に　あります。　　휴지통은 책상 아래 있습니다.

③ かぎは　引(ひ)き出(だ)しの中(なか)に　あります。　　열쇠는 서랍 안에 있습니다.

4 右(みぎ)・左(ひだり)・横(よこ)　　오른쪽・왼쪽・옆

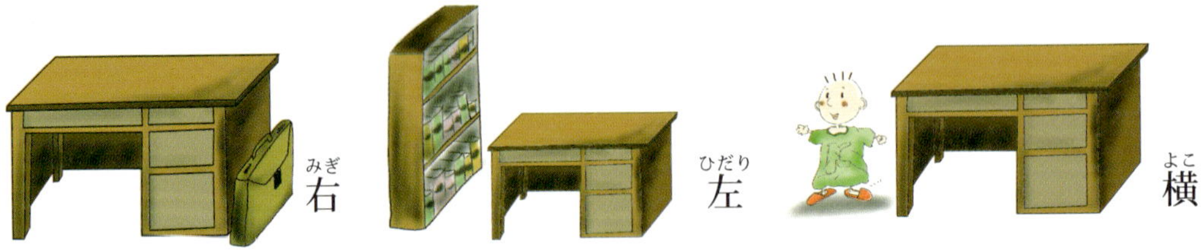

① つくえの右(みぎ)に　かばんが　あります。　　책상 오른쪽에 가방이 있습니다.

② つくえの左(ひだり)に　本(ほん)だなが　あります。　　책상 왼쪽에 책장이 있습니다.

③ つくえの横(よこ)に　子供(こども)が　います。　　책상 옆에 아이가 있습니다.

어휘체크

~に ~에　　~が ~이/가　　ごみ箱(ばこ) 휴지통　　引(ひ)き出(だ)し 서랍

かばん 가방　　本(ほん)だな 책장　　子供(こども) 어린이

5 前・後ろ・となり 앞・뒤・옆

森さん

ソンさん 森さん

前　　後ろ　　となり

① 売店の前に 犬が います。 매점 앞에 개가 있습니다.

② ベンチの後ろに 森さんが います。 벤치 뒤에 모리 씨가 있습니다.

③ 森さんのとなりに ソンさんが います。 모리 씨 옆에 손 씨가 있습니다.

memo

위치를 나타내는 다양한 표현

이 밖에도 위치를 나타내는 유용한 표현이 있습니다.

間 사이

向こう 맞은편

近く 근처

じゃんけんぽん! 가위바위보

다음 그림을 보고 옆 사람과 일본어로 자유롭게 묻고 답해 보세요.

① A: 本(ほん)だなは　どこに　ありますか。 B: ______________

② A: ごみ箱(ばこ)は　どこに　ありますか。 B: ______________

③ A: かばんは　どこに　ありますか。 B: ______________

④ A: ソンさんは　どこに　いますか。 B: ______________

⑤ A: かぎは　どこに　ありますか。 B: ______________

⑥ A: 森(もり)さんは　どこに　いますか。 B: ______________

本文(ほんぶん)

かぎを 忘(わす)れました。

パク： 森(もり)さん、どうしましたか。

森(もり) ： かぎを どこかに 忘(わす)れました。どこに あるのかな。

パク： 一緒(いっしょ)に 探(さが)しましょうか。

アッ、見(み)つけました。ひきだしの中(なか)に ありました。

森(もり) ： そうですか。助(たす)かりました。ありがとうございます。

어휘체크

どこかに 어딘가에　　忘(わす)れる 잊다　　一緒(いっしょ)に 같이　　探(さが)す 찾다

見(み)つける 찾다, 발견하다　　助(たす)かる 살아나다, 도움이 되다

聞(き)いてみましょう

1. 다음 문장을 듣고 빈칸을 채워 보세요.

ⓐ かぎは 引(ひ)き出(だ)しの ＿＿＿＿＿ に あります。

ⓑ 本(ほん)は つくえの ＿＿＿＿＿ に あります。

ⓒ 子犬(こいぬ)は 売店(ばいてん)の前(まえ)に ＿＿＿＿＿。

ⓓ ごみ箱(ばこ)は ＿＿＿＿＿ の下(した)に あります。

2. 다음 대화를 듣고 해당하는 위치에 표시하세요.

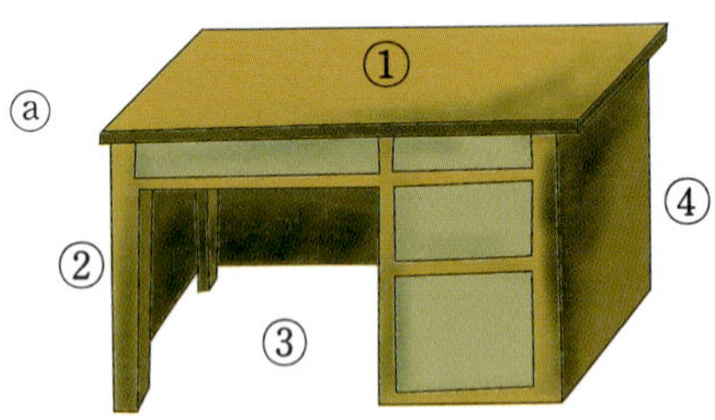

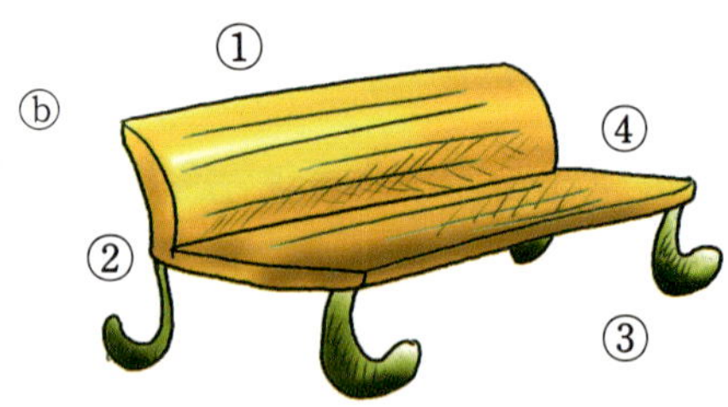

3. 다음 문장을 듣고(森(もり)さん의 시점에서) 방 내부를 완성시켜 보세요.

13과

ビールを 飲(の)みながら 映画(えいが)の話(はなし)を します。

맥주를 마시면서 영화 이야기를 해요

13과를 배우면 이런 말을 할 수 있게 돼요

- 가끔 친구와 영화보러 가요.
- 맥주를 마시면서 영화 이야기를 해요.

학습포인트

- 동사 **ます形**에 「に」를 접속하여 '~하러'에 해당하는 표현을 일본어로 말할 수 있게 됩니다.
- 동사 **ます形**에 「ながら」를 접속하여 '~하면서'에 해당하는 표현을 일본어로 말할 수 있게 됩니다.

핵심표현

- ごはんを 食(た)べに 行(い)きます。
- バイトに 行(い)きます。
- コーヒーを 飲(の)みながら 本(ほん)を 読(よ)みます。
- レポートを 書(か)きながら、音楽(おんがく)を 聞(き)きます。

1 ~ながら　~하면서

동사의 「ます形」에 ながら를 접속합니다.

① コーヒーを 飲(の)みながら、本(ほん)を 読(よ)みます。 커피를 마시면서, 책을 읽어요.

② レポートを 書(か)きながら、音楽(おんがく)を 聞(き)きます。 레포트를 쓰면서, 음악을 들어요.

③ ごはんを 食(た)べながら、友(とも)だちと 話(はな)します。 밥을 먹으면서, 친구와 이야기해요.

④ MP3を 聞(き)きながら 公園(こうえん)を 散歩(さんぽ)します。 MP3를 들으면서 공원을 산책합니다.

연습1 두 문장을 ながら로 연결하여 문장을 만들어 보세요.

① 地下鉄(ちかてつ)を 待(ま)つ。新聞(しんぶん)を 読(よ)む。

________________ 지하철을 기다리면서 신문을 읽어요.

② 歌(うた)を 歌(うた)う。ダンスを する。

________________ 노래를 부르면서 춤을 춥니다.

③ テレビを 見(み)る。友(とも)だちに 電話(でんわ)を する。

________________ 텔레비전을 보면서 친구에게 전화합니다.

④ 友(とも)だちと 話(はな)す。コーヒーを 飲(の)む。

________________ 친구와 이야기하면서 커피를 마십니다.

⑤ 手(て)を 洗(あら)う。歌(うた)を 歌(うた)う。

________________ 손을 씻으면서 노래를 부릅니다.

⑥ 勉強(べんきょう)する。お菓子(かし)を 食(た)べる。

________________ 공부하면서 과자를 먹습니다.

2 ～に　　~하러

동사의 「ます形」에 に를 접속합니다.

① ごはんを 食べに 行きます。　밥을 먹으러 갑니다.
　ごはんを 食べに 食堂へ 行きます。　밥을 먹으러 식당에 갑니다.

② 映画を 見に 行きます。　영화를 보러 갑니다.
　明日は 映画を 見に 映画館へ 行きます。　내일은 영화를 보러 영화관에 갑니다.

③ 勉強しに 来ました。　공부하러 왔습니다.
　今日は 勉強しに 図書館へ 来ました。　오늘은 공부하러 도서관에 왔습니다.

memo

명사에 「に」를 바로 붙여 '~하러'란 의미로 사용하는 경우도 있습니다.

勉強に 来ました。	공부하러 왔습니다.
旅行に 行きます。	여행하러 갑니다.
留学に 行きます。	유학하러 갑니다.

어휘체크

レポート 레포트	音楽 음악	ごはん 밥	公園 공원	
散歩 산책	地下鉄 지하철	新聞 신문	歌 노래	
ダンス 춤	電話 전화	手 손	お菓子 과자	食堂 식당

練習(れんしゅう)してみましょう

12 연습2 ( ) 안의 문장을 사용하여 대답해 보세요.

① 何(なに)を　しに　シンチョンへ　行(い)きますか。（友(とも)だちと　遊(あそ)ぶ）

② 何(なに)を　しに　デパートへ　行(い)きますか。（くつを　買(か)う）

③ 何(なに)を　しに　来(き)ましたか。（森(もり)さんに　会(あ)う）

12 연습3 ( ) 안의 문장과 단어를 사용하여 문장을 완성해 보세요.

①（コーヒーを　飲(の)む・カフェ）

커피를 마시러 카페에 갑니다.

②（手(て)を　洗(あら)う・トイレ）

손을 씻으러 화장실에 갑니다.

③（先生(せんせい)と　話(はな)す・学校(がっこう)）

선생님과 이야기하러 학교에 갑니다.

④（子犬(こいぬ)と　遊(あそ)ぶ・公園(こうえん)）

강아지와 놀러 공원에 갑니다.

本文(ほんぶん)

ビールを 飲(の)みながら 映画(えいが)の話(はなし)を します。

森(もり) : ソンさん、週末(しゅうまつ)は いつも 何(なに)を しますか。

ソン: だいたい 家(うち)で ゆっくり 休(やす)みます。コーヒーを 飲(の)みながら 本(ほん)を 読(よ)みます。森(もり)さんは どうですか。

森(もり) : 時々(ときどき)、友(とも)だちと いっしょに、映画(えいが)を 見(み)に 行(い)きます。映画(えいが)を 見(み)て、ビールを 飲(の)みながら、映画(えいが)の話(はなし)を します。ソンさんは、どんな 映画(えいが)が 好(す)きですか。ホラー、アクション、恋愛(れんあい)、サスペンス、SF、アニメ…。

ソン: そうですね。私(わたし)は 明(あか)るい映画(えいが)が 好(す)きです。例(たと)えば、コメディとか。

어휘체크

週末(しゅうまつ) 주말	だいたい 대개	ゆっくり 푹	休(やす)む 쉬다
時々(ときどき) 가끔, 때때로	~と一緒(いっしょ)に ~와 함께	ビール 맥주	映画(えいが)の話(はなし) 영화 이야기
明(あか)るい 밝다	例(たと)えば 예를 들면	~とか ~라든지	

わたしはこんなひとです! 3

위 본문의 ソンさん과 森(もり)さん의 주말 일과를 참고하여, 자신의 이야기를 써 보세요.

「~ながら」, 「~に」 문형을 사용하여 써 보세요.

私(わたし)の週末(しゅうまつ)

聞いてみましょう

1. 다음 대화를 듣고 그림에 해당하는 번호를 ( ) 안에 쓰세요.

① ( )

② ( )

③ ( )

④ ( )

2. 다음 대화를 듣고 해당하는 그림의 번호를 ( ) 안에 순서대로 써 넣으세요.

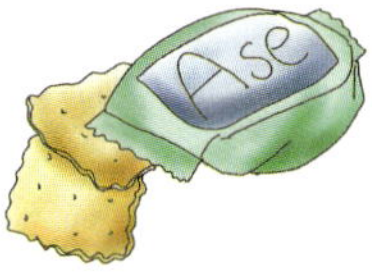

ⓐ

ⓑ

ⓒ

ⓓ

① 鈴木さん(　　　　　)　　② バクさん(　　　　　)

3. 다음 문장을 듣고 빈칸을 채워 보세요.

ⓐ 歌を ＿＿＿＿＿＿＿＿ カラオケ・ボックスへ 行きます。

ⓑ ごはんを ＿＿＿＿＿＿＿＿ 友だちと 話します。

ⓒ テレビを ＿＿＿＿＿＿＿＿ ジュースを 飲みます。

日本人ならだれでも参る **神社**

불교의 종교시설을 절(寺), 천주교의 종교시설을 성당(聖堂)이라 부르지요? 신도의 종교시설은 신사(神社)라 부릅니다.

신도(神社)는 교조나 경전이 존재하지 않는 원시적인 형태의 종교이며, 일본인의 전통문화라고도 할 수 있습니다. 신도에서는 신을 가미(神)라 부르는데 신도의 가미는 바위, 나무등의 자연물과 더불어 사후 혹은 생전의 인간인 경우가 적지 않습니다. 미야자키 하야오(宮崎駿)감독의 애니메이션 〈센과 치히로의 행방불명(千と千尋の神隠し)〉에 나오는 다양한 신들을 보면 일본인의 신에 대한 이미지를 참고할 수 있을 것입니다.

신사는 일반적으로 '○○신사(神社)'라 부르지만, '○○궁(宮)', '○○대사(大社)', '○○신궁(神宮)'이라 부르는 신사도 있습니다. '○○신궁'은 황실과 관계 깊은 특별한 신을 모신 신사를 말합니다. 예를 들어, 도쿄의 메이지신궁(明治神宮)은 메이지 천황을 제사지내는 신사입니다.

이러한 신사는 일본 각지에 약 8만개 정도가 있다고 하니, 대단한 숫자입니다.

도쿄 메이지신궁(明治神宮) 경내

규슈 미야자키현 백제마을의 미카도신사(神門神社)

14과

お誕生日(たんじょうび)は いつですか。

생일은 언제인가요?

14과를 배우면 이런 말을 할 수 있게 돼요

- 오늘은 몇 월 몇 일인가요?
- 생일은 언제인가요?
- 제 생일은 7월 15일이에요.
- 생일 선물로 뭐가 필요하세요?

학습포인트

- 날짜를 일본어로 말할 수 있게 됩니다.
- 요일을 일본어로 말할 수 있게 됩니다.
- 형용사 「ほしい」의 쓰임을 익힙니다.

핵심표현

- 今日(きょう)は 11月(がつ) 4日(よっか)です。
- 森(もり)さんのお誕生日(たんじょうび)は いつですか。
- 新(あたら)しいかばんが ほしいです。

1 何月(なんがつ)ですか。 몇 월이에요?

1月	2月	3月	4月	5月	6月
いちがつ	にがつ	さんがつ	しがつ	ごがつ	ろくがつ
7月	8月	9月	10月	11月	12月
しちがつ	はちがつ	くがつ	じゅうがつ	じゅういちがつ	じゅうにがつ

① 今月(こんげつ)は 何月(なんがつ)ですか。 이달은 몇 월인가요?

② 今月(こんげつ)は 9月(がつ)です。 이달은 9월이에요.

③ 先月(せんげつ)は 8月(がつ)でした。 지난달은 8월이었어요.

④ 来月(らいげつ)は 10月(がつ)です。 다음달은 10월이에요.

memo

'月'의 발음

위에서 익힌 바와 같이 날짜를 읽을 때에는 월(月)을 「がつ」라고 읽습니다.하지만 '이달, 지난달, 다음달'이라고 말할 때는 「げつ」라고 읽습니다. 일본어의 한자는 음독(音読(おんよ)み)을 할 때와 훈독(訓読(くんよ)み)을 할 때가 있고, 음독을 하는 경우에도 단어에 따라 발음이 다른 경우가 많으니 주의하여 익혀야 합니다.

先先月(せんせんげつ)	先月(せんげつ)	今月(こんげつ)	来月(らいげつ)	再来月(さらいげつ)
지지난달	지난달	이달	다음달	다다음달

2 何日ですか。 몇 일이에요?

日曜日	月曜日	火曜日	水曜日	木曜日	金曜日	土曜日
				1日 ついたち	2日 ふつか	3日 みっか
4日 よっか	5日 いつか	6日 むいか	7日 なのか	8日 ようか	9日 ここのか	10日 とおか
11日 じゅういちにち	12日 じゅうににち	13日 じゅうさんにち	14日 じゅうよっか	15日 じゅうごにち	16日 じゅうろくにち	17日 じゅうしちにち
18日 じゅうはちにち	19日 じゅうくにち	20日 はつか	21日 にじゅういちにち	22日 にじゅうににち	23日 にじゅうさんにち	24日 にじゅうよっか
25日 にじゅうごにち	26日 にじゅうろくにち	27日 にじゅうしちにち	28日 にじゅうはちにち	29日 にじゅうくにち	30日 さんじゅうにち	31日 さんじゅういちにち

練習(れんしゅう)してみましょう

3 何月(なんがつ) 何日(なんにち)ですか。　　몇 월 몇 일인가요?

① 今日(きょう)は 11月(がつ) 4日(よっか)です。　　오늘은 11월 4일입니다.

② こどもの日(ひ)は 5月(がつ) 5日(いつか)です。　　어린이날은 5월 5일입니다.

③ 母(はは)の日(ひ)は 5月(がつ) 8日(ようか)です。　　어버이날은 5월 8일입니다.

④ テストは 何月(なんがつ) 何日(なんにち)ですか。　　시험은 몇 월 몇 일인가요?

4 いつですか。　　언제인가요?

① A: 森(もり)さんの お誕生日(たんじょうび)は いつですか。　　모리 씨 생일은 언제입니까?

B: 私(わたし)の誕生日(たんじょうび)は 7月(がつ) 15日(にち)です。　　제 생일은 7월 15일입니다.

② A: 何年生(なんねんう)まれですか。　　몇 년생이세요?

B: 1991年生(ねんう)まれです。　　1991년생이에요.

③ 私(わたし)は 1991年(ねん) 7月(がつ) 15日生(にちう)まれです。　　저는 1991년 7월 15일생이에요.

じゃんけんぽん! 가위바위보

자신의 생일을 숫자와 히라가나로 써 보고, 옆 사람과 생일을 서로 묻고 답해 기록해 보세요.

	わたしの誕生日(たんじょうび)	＿＿＿＿ さんのお誕生日(たんじょうび)	＿＿＿＿ さんのお誕生日(たんじょうび)
숫자	月　　日	月　　日	月　　日
ひらがな			

5 ~が ほしいです。 ~(을)를 갖고 싶어요.

① 新しいかばんが ほしいです。 새 가방을 갖고 싶어요.

② ノートパソコンが ほしいです。 노트북을 갖고 싶어요.

③ 日本人の友だちが ほしいです。 일본인 친구를 갖고 싶어요.

④ 今は 何も ほしくないです。 지금은 아무 것도 갖고 싶지 않아요.

내가 만든다 다음 단어를 참고하여 질문에 답해 보세요.

ほしいもの(원하는 것)

本 책	手紙 편지	デジカメ 디카	くつ 신발	花束 꽃다발	服 옷
お金 돈	恋人 애인	ケータイ 휴대전화	かばん 가방	ノートパソコン 노트북	

誕生日のプレゼントに 何が ほしいですか。

本文(ほんぶん)

お誕生日(たんじょうび)は いつですか。

花田(はなだ)： もしもし、ソンさんですか。花田(はなだ)です。こんにちは。

ソン： あ、花田(はなだ)さん、お久(ひさ)しぶりです。お元気(げんき)ですか。

花田(はなだ)： はい、お陰(かげ)さまで、元気(げんき)です。

ソンさん、お誕生日(たんじょうび)、おめでとうございます。

ソン： ありがとうございます。

花田(はなだ)： 今度(こんど)の土曜日(どようび)、暇(ひま)ですか。

ソン： 土曜日(どようび)ですか。土曜日(どようび)は 学校(がっこう)で 勉強会(べんきょうかい)が あります。

でも 日曜日(にちようび)は 暇(ひま)です。

花田： それじゃ、いっしょに 映画 見に 行きませんか。

ソン： 映画ですか。行きましょう。10月 2日、日曜日ですね。

どこで 待ち合わせしましょうか。

花田： 地下鉄の駅で 午後 2時に、どうですか。

ソン： いいです。それじゃ、日曜日に お会いします。

어휘체크

もしもし 여보세요	**お久しぶりです** 오랜만이에요	**お元気ですか** 잘 지내시지요?
お陰さまで 덕분에	**おめでとうございます** 축하해요	**今度** 이번
暇だ 한가하다, 시간 있다	**勉強会** 공부모임	**地下鉄の駅** 지하철역

聞(き)いてみましょう

1. 다음 문장을 듣고 달력의 해당하는 날짜에 발표자를 메모하세요.

4月(がつ)

日(にち)	月(げつ)	火(か)	水(すい)	木(もく)	金(きん)	土(ど)
			1	2	3	4
5	6	7	8	9	10	11
12	13	14	15	16	17	18
19	20	21	22	23	24	25
26	27	28	29	30		

＊発表者(はっぴょうしゃ)(발표자) : キムさん、パクさん、イさん、ファンさん、ミンさん

2. 다음 문장을 듣고 히라가나로 받아쓰고 우리말 부분의 빈칸을 채워 보세요.

ⓐ 私(わたし)の誕生日(たんじょうび)は ________ です。　내 생일은 ____ 월 ____ 일입니다.

ⓑ 両親(りょうしん)の結婚記念日(けっこんきねんび)は ________ です。

부모님의 결혼기념일은 ____ 월 ____ 일입니다.

ⓒ 中間(ちゅうかん)テストは ________ からです。　중간고사는 ____ 월 ____ 일부터입니다.

ⓓ 期末(きまつ)テストは ________ からです。　기말고사는 ____ 월 ____ 일부터입니다.

15과 インドへ行(い)きたいです。

인도에 가고 싶어요

15과를 배우면 이런 말을 할 수 있게 돼요

- 오랜만에 친구를 보고 싶어요.
- 하와이에 여행가고 싶어요.
- 저는 앞으로 그래픽 디자이너가 되고 싶어요.

학습포인트

- 동사 ます形에 「たい」를 접속하여 희망, 바람 등을 표현할 수 있게 됩니다.
- 「~になりたいです」 표현을 이용하여 장래희망을 일본어로 표현할 수 있게 됩니다.

핵심표현

- コーヒーが 飲(の)みたいです。
- 旅行(りょこう)に 行(い)きたいです。
- 将来(しょうらい)、グラフィックデザイナーに なりたいです。

練習してみましょう

1 ～が …たいです。　　～를 …고 싶어요.

동사의 「ます形」에 たい를 접속합니다.이렇게 되면 「~たい」라는 말이 형용사적인 성격을 띠게 되어 조사 「が」를 쓰는 것이 문법적으로 올바른 표현이 됩니다.그러나 실제 대화에서는 조사 「を」를 쓰는 경우도 많습니다.

① おいしいコーヒーが 飲みたいです。	맛있는 커피가 마시고 싶어요.
② 新しいかばんを 買いたいです。	새 가방을 사고 싶어요.
③ 日本の新聞を 読みたいです。	일본 신문을 읽고 싶어요.
④ 韓国の映画が 見たいです。	한국 영화가 보고 싶어요.

2 ～たいです。　　~고 싶어요.

다음 조사의 쓰임에 유의하여 익혀봅시다.

① 久しぶりに 友だちに 会いたいです。	오랜만에 친구를 만나고 싶어요.
② 今日は 早く 家へ 帰りたいです。	오늘은 일찍 집에 가고 싶어요.
③ 留学に 行きたいです。	유학(하러) 가고 싶어요.
④ A: 旅行に 行きたいです。	여행(하러) 가고 싶어요.
B: どこへ 行きたいですか。	어디에 가고 싶으세요?
A: ハワイへ 行きたいです。	하와이에 가고 싶어요.

어휘체크

新しい 새롭다　　新聞 신문　　久しぶりに 오랜만에
早く 일찍　　留学 유학　　旅行 여행

3 ～に なりたいです。 ~이(가) 되고 싶어요.

「~になる」는 '~이 되다'라는 표현입니다. なる의 ます形에 たい가 붙어 '~이(가) 되고 싶다'는 의미가 됩니다.

① 私は 将来、先生に なりたいです。 저는 앞으로 선생님이 되고 싶어요.

② 私は デザインが 好きですから、デザイナーに なりたいです。
저는 디자인을 좋아하기 때문에, 디자이너가 되고 싶어요.

③ 私は 旅行作家に なりたいです。 저는 여행 작가가 되고 싶어요.

④ やさしい母親に なりたいです。 상냥한 엄마가 되고 싶어요.

⑤ 真面目な人に なりたいです。 성실한 사람이 되고 싶어요.

memo

이유를 나타내는 「から」

から에는 '원인·이유·근거'를 나타내는 의미가 있습니다.

① 大丈夫ですよ。子供じゃないですから。 괜찮아요. 어린아이가 아니니까.
② おいしいですから、どうぞ。 맛있으니까, 드세요.
③ 頭が 痛いから、病院へ 行きます。 머리가 아파서, 병원에 갑니다.

앞에서 배운 '동작이나 작용의 기점'을 나타내는 から도 다시 한 번 살펴 볼까요?

① 授業は 何時からですか。 수업은 몇 시부터인가요?
② 映画は 6時からです。 영화는 6시부터입니다.
③ ソウルから ブサンまで 車で 5時間ぐらい かかります。 서울에서 부산까지 차로 5시간정도 걸립니다.

어휘체크

将来 장래, 미래 作家 작가 優しい 상냥하다, 다정하다 母親 엄마, 모친
真面目だ 성실하다 仕事 일

4 飲(の)みたくありません。　마시고 싶지 않아요.

「飲(の)みたいです」는 い형용사와 같이 활용합니다. 따라서 '마시고 싶지 않아요'라고 부정하고 싶을 때는, 「飲(の)みたくありません(飲(の)みたくないです)」와 같이 い형용사의 부정형 활용을 하면 됩니다.

① コーヒーは 飲(の)みたくありません。　커피는 마시고 싶지 않아요.

② 今日(きょう)は どこへも 行(い)きたくありません。　오늘은 아무 데도 가고 싶지 않아요.

③ 鈴木(すずき)さんには もう 二度(にど)と 会(あ)いたくありません。　스즈키 씨는 두 번 다시 만나고 싶지 않아요.

④ 悲(かな)しい映画(えいが)は 見(み)たくありません。　슬픈 영화는 보고 싶지 않아요.

本文(ほんぶん)

作家(さっか)に なりたいです。

村上(むらかみ)：この世界地図(せかいちず)を 見(み)てください。

この中(なか)で 一番(いちばん) 行(い)きたい国(くに)は どこですか。

ミナ：そうですね。いつか インドへ 行(い)きたいです。

インドは 過去(かこ)と 未来(みらい)が 現在(げんざい)に ある、本当(ほんとう)に 不思議(ふしぎ)な国(くに)だそうです。村上(むらかみ)さんも 旅行(りょこう)、好(す)きですか。

村上(むらかみ)：好(す)きですよ。世界(せかい)のいろんな国(くに)を 旅行(りょこう)したいです。

旅行(りょこう)しながら 出会(であ)った人々(ひとびと)の話(はなし)を 書(か)く作家(さっか)に なりたいです。

어휘체크

世界(せかい) 세계	**地図(ちず)** 지도	**見(み)てください** 봐 주세요	**この中(なか)で** 이 중에서	**一番(いちばん)** 가장, 제일
国(くに) 나라	**いつか** 언젠가	**過去(かこ)** 과거	**未来(みらい)** 미래	**現在(げんざい)** 현재
本当(ほんとう)に 정말로	**不思議(ふしぎ)だ** 이상하다	**出会(であ)う** 만나다, 마주치다	**人々(ひとびと)** 사람들	**作家(さっか)** 작가

ほんぶん
本文

여러 가지 직업명 Ⅱ

会社員(かいしゃいん) 회사원	実業家(じつぎょうか) 사업가	教員(きょういん) 교원	公務員(こうむいん) 공무원
デザイナー 디자이너	漫画家(まんがか) 만화가	医者(いしゃ) 의사	看護師(かんごし) 간호사
作家(さっか) 작가	保育士(ほいくし) 보육사	芸能人(げいのうじん) 연예인	モデル 모델
プログラマー 프로그래머			

わたしはこんなひとです! 4

제2과에서 조사한 직업명과 위의 표를 참고하여 문장으로 표현해 보세요.

あなたは 将来(しょうらい)、どんな人(ひと)に なりたいですか。または、どんな仕事(しごと)を したいですか。

聞いてみましょう

1. 대화를 듣고 다무라가 하고자 하는 것, 가고자 하는 곳에 ◯표 하세요.

ⓐ

① 

② 

ⓑ

① 

② 

2. 다음 대화 내용을 듣고 선을 연결해 보세요.

ⓐ

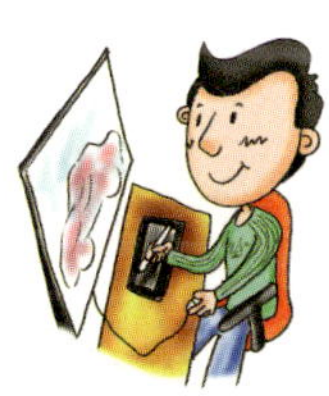
ⓑ

ⓒ

ⓓ

① 鈴木(すずき)　② パク　③ 花田(はなだ)　④ 吉本(よしもと)

日本人ならだれでも知っている話　ハチ公

子犬が　いました。小さい、かわいい犬でした。かわいい子犬は　迷子でした。大正13年(1924年)のある日、子犬と　上野先生は　友だちに　なりました。上野先生は　大学の教授でした。先生は　子犬を　家へ　連れて来ました。先生は　子犬を　ハチと　呼びました。

先生は　ハチのことが　好きでした。ハチも　先生のことが　好きでした。先生と　奥さんと　ハチは　幸せでした。

毎日　午後　5時に　なると、ハチは　渋谷駅へ　行きます。先生の帰りを　待ちます。ハチと　先生は　いっしょに　家へ　帰ります。ある日、上野先生は　突然、教室で　倒れました。先生は　もう二度と　帰りません。

でも　ハチは　それが　わかりません。ハチは　午後　5時に　なると　渋谷駅へ　行きます。ハチは　毎日、毎日、渋谷駅の前で　先生を　待っていました。

16과

安(やす)くて おいしいです。 싸고 맛있어요

16과를 배우면 이런 말을 할 수 있게 돼요

- 한국의 여름은 덥고 길어요.
- 저는 여행을 좋아해서 여행 작가가 되고 싶어요.
- 빨간 가방은 박 씨의 것이고, 검은 가방은 제 것이에요.

학습포인트

- 4과에서 익힌 형용사를 다시 한 번 확인할 수 있습니다.
- い형용사에 조동사 て를 접속하는 방법을 익힙니다.
- い형용사 단문을 복문으로 말할 수 있게 됩니다.
- な형용사에 조동사 て를 접속하는 방법을 익힙니다.
- な형용사 단문을 복문으로 말할 수 있게 됩니다.

핵심표현

- 형용사 て形의 연습
- ケーキは おいしくて 甘(あま)いです。
- あのケーキ屋(や)は 親切(しんせつ)で 真面目(まじめ)です。

1 い형용사의 단문

① ケーキは おいしい。	케이크는 맛있다.
② 韓国(かんこく)の夏(なつ)は 暑(あつ)い。	한국의 여름은 덥다.
③ 森(もり)さんは 優(やさ)しい。	모리 씨는 상냥하다.

2 い형용사의 복문 ①~(하)고 ②~(해)서

い형용사에 접속조사 て를 접속합니다.어미 い를 떼고 くて를 붙입니다.

① ケーキは おいしくて 甘(あま)い。	케이크는 맛있고 달다.
ケーキは おいしくて 甘(あま)いです。	케이크는 맛있고 달아요.
② 韓国(かんこく)の夏(なつ)は 暑(あつ)くて 長(なが)い。	한국의 여름은 덥고 길다.
韓国(かんこく)の夏(なつ)は 暑(あつ)くて 長(なが)いです。	한국의 여름은 덥고 길어요.
③ 森(もり)さんは 優(やさ)しくて おもしろい。	모리 씨는 상냥하고 재미있다.
森(もり)さんは 優(やさ)しくて おもしろいです。	모리 씨는 상냥하고 재미있어요.

연습1 다음 い형용사에 て를 붙여 복문을 만들고 우리말로 해석해 보세요.

① (辛(から)い, まずい)

② (高(たか)い, 難(むずか)しい)

③ (短(みじか)い, おもしろい)

⑤ (赤(あか)い, おいしい)

⑥ (易(やさ)しい, いい)

⑦ (長(なが)い, 悪(わる)い)

⑧ (安(やす)い, 小(ちい)さい)

⑨ (黄色(きいろ)い, すっぱい)

3 な형용사의 단문

① あのケーキ屋(や)は 親切(しんせつ)だ。 　저 케이크 가게는 친절하다.

② 私(わたし)の部屋(へや)は 静(しず)かだ。 　내 방은 조용하다.

③ 韓国(かんこく)の地下鉄(ちかてつ)は 便利(べんり)だ。 　한국의 지하철은 편리하다.

4 な형용사의 복문 　①~(하)고 ②~(해)서

な형용사에 접속조사 て를 접속합니다. 어미 だ를 떼고 で를 붙입니다.

① あのケーキ屋(や)は 親切(しんせつ)で まじめだ。 　저 케이크 가게는 친절하고 성실하다.

あのケーキ屋(や)は 親切(しんせつ)で まじめです。 　저 케이크 가게는 친절하고 성실해요.

② 私(わたし)の部屋(へや)は 静(しず)かで きれいだ。 　내 방은 조용하고 깨끗하다.

私(わたし)の部屋(へや)は 静(しず)かで きれいです。 　내 방은 조용하고 깨끗해요.

③ 韓国(かんこく)の地下鉄(ちかてつ)は 便利(べんり)で 立派(りっぱ)だ。 　한국의 지하철은 편리하고 훌륭하다.

韓国(かんこく)の地下鉄(ちかてつ)は 便利(べんり)で 立派(りっぱ)です。 　한국의 지하철은 편리하고 훌륭해요.

1 2 3 4 5 연습2 다음 な형용사에 で를 붙여 복문을 만들고 우리말로 해석해 보세요.

① (簡単(かんたん)だ, 丈夫(じょうぶ)だ) ______________ ______________

② (元気(げんき)だ, 真面目(まじめ)だ) ______________ ______________

③ (ハンサムだ, 有名(ゆうめい)だ) ______________ ______________

④ (新鮮(しんせん)だ, 便利(べんり)だ) ______________ ______________

⑤ (にぎやかだ, きれいだ) ______________ ______________

⑥ (暇(ひま)だ, 静(しず)かだ) ______________ ______________

⑦ (親切(しんせつ)だ, 便利(べんり)だ) ______________ ______________

⑧ (有名(ゆうめい)だ, 立派(りっぱ)だ) ______________ ______________

5 명사 단문

① 赤(あか)いかばんは パクさんのだ。 빨간 가방은 박 씨 것이다.

黒(くろ)いかばんは 私(わたし)のだ。 검은 가방은 내 것이다.

② ソウルは 韓国(かんこく)の首都(しゅと)だ。 서울은 한국의 수도이다.

東京(とうきょう)は 日本(にほん)の首都(しゅと)だ。 동경은 일본의 수도이다.

③ 函館(はこだて)は 夜景(やけい)が きれいな町(まち)だ。 하코다테는 야경이 예쁜 마을이다.

富良野(ふらの)は 花(はな)が きれいな町(まち)だ。 후라노는 꽃이 예쁜 마을이다.

④ これは ノートパソコンだ。 이것은 노트북이다.

それは ネットブックだ。 그것은 넷북이다.

6 명사 복문 ① ~(이)고

서술어미 だ를 떼고 で를 붙입니다.

① 赤(あか)いかばんは パクさんので、黒(くろ)いかばんは 私(わたし)のだ。

빨간 가방은 박 씨 것이고, 검은 가방은 내 것이다.

② ソウルは 韓国(かんこく)の首都(しゅと)で、東京(とうきょう)は 日本(にほん)の首都(しゅと)だ。

서울은 한국의 수도이고, 도쿄는 일본의 수도이다.

③ 函館(はこだて)は 夜景(やけい)が きれいな町(まち)で、富良野(ふらの)は 花(はな)が きれいな町(まち)だ。

하코다테는 야경이 예쁜 마을이고, 후라노는 꽃이 예쁜 마을이다.

④ これは ノートパソコンで、それは ネットブックだ。

이것은 노트북이고, 그것은 넷북이다.

연습3 다음 명사문에 で를 붙여 복문을 만들고 우리말로 해석해 보세요.

① スズキさんは 日本人だ。スミスさんは アメリカ人だ。

______________________ ______________________

② 昨日が 金曜日だ。今日は 土曜日だ。

______________________ ______________________

③ 森さんは サラリーマンだ。花田さんは デザイナーだ。

______________________ ______________________

자주 쓰는 い형용사 Ⅱ

おいしい 맛있다	まずい 맛없다	甘い 달다	辛い 맵다
すっぱい 시다	しょっぱい 짜다	熱い 뜨겁다	冷たい 차다
赤い 빨갛다	黄色い 노랗다	青い 파랗다	黒い 검다
白い 하얗다	明るい 밝다	暗い 검다	
長い 길다	短い 짧다	重い 무겁다	軽い 가볍다
良い(よい) 좋다	悪い 나쁘다/미안하다	大きい 크다	小さい 작다
高い 비싸다/높다	安い 싸다	低い 낮다	
広い 넓다	狭い 좁다	新しい 새롭다	古い 오래되다
近い 가깝다	遠い 멀다	優しい 상냥하다	もったいない 아깝다
かわいい 귀엽다	楽しい 즐겁다	うれしい 기쁘다	痛い 아프다
忙しい 바쁘다	うるさい 시끄럽다	おもしろい 재미있다	
易しい 쉽다	難しい 어렵다	速い 빠르다	遅い 늦다

練習(れんしゅう)してみましょう

자주 쓰는 な형용사 Ⅱ

便利(べんり)だ 편리하다	不便(ふべん)だ 불편하다	きれいだ 예쁘다/깨끗하다	静(しず)かだ 조용하다
にぎやかだ 번화하다	有名(ゆうめい)だ 유명하다	簡単(かんたん)だ 간단하다	楽(らく)だ 편하다
大丈夫(だいじょうぶ)だ 괜찮다	新鮮(しんせん)だ 신선하다	色々(いろいろ)だ 다양하다	まじめだ 성실하다
親切(しんせつ)だ 친절하다	暇(ひま)だ 한가하다	立派(りっぱ)だ 훌륭하다	好(す)きだ 좋아하다
嫌(きら)いだ 싫어하다	上手(じょうず)だ 잘하다, 능숙하다	下手(へた)だ 서투르다	だめだ 안된다
元気(げんき)だ 건강하다	ハンサムだ 잘생기다	丈夫(じょうぶ)だ 건강하다, 튼튼하다	得意(とくい)だ 잘하다, 자신있다
苦手(にがて)だ 서투르다, 질색이다	不思議(ふしぎ)だ 이상하다		

내가 만든다 앞의 형용사를 참고하여 예와 같이 문장을 만들어 보세요.

예
私(わたし)のかばんは 大(おお)きくて 黒(くろ)いです。 — 내 가방은 크고 검습니다.
韓国(かんこく)の地下鉄(ちかてつ)は きれいで 広(ひろ)いです。 — 한국의 지하철은 깨끗하고 넓습니다.

① りんごは ________ 사과는 ________

② この店(みせ)のコーヒーは ________ 이 집 커피는 ________

③ 日本語(にほんご)は ________ 일본어는 ________

④ この本(ほん)は ________ 이 책은 ________

⑤ 私(わたし)の友(とも)だちは ________ 내 친구는 ________

⑥ 私(わたし)は ________ 나는 ________

⑦ 私(わたし)の学校(がっこう)は ________ 우리학교는 ________

本文

どんぶり

どんぶりは 速くて 安くて 便利な食べ物です。

種類は 色々で、天ぷらどんぶり、うなぎどんぶり、親子どんぶり などが あります。

天ぷらどんぶりは、どんぶりに ごはん、ごはんの上に 天ぷらがある食べ物で、天丼とも 言います。

うなぎどんぶり(うなどん)は、ごはんの上に うなぎがある日本料理です。

それでは、親子どんぶりは ごはんの上に 何がある食べ物でしょうか。

天丼

鰻丼

사진 : http://ja.wikipedia.org

어휘체크

どんぶり 덮밥, 사발	速い 빠르다	安い 싸다	食べ物 음식	種類 종류
色々だ 다양하다	天ぷら 튀김	うなぎ 장어	など 등	料理 요리

聞(き)いてみましょう

1. 다음 문장을 듣고 빈칸을 채워 보세요.

ⓐ 韓国(かんこく)の夏(なつ)は ____________ 長(なが)いです。

ⓑ 私(わたし)の部屋(へや)は ____________ きれいです。

ⓒ 赤(あか)いかばんはキムさんの ____________、黒(くろ)いかばんは私(わたし)のです。

2. 다음 문장을 듣고 해당하는 그림에 ○표 하세요.

ⓐ

① 

② 

ⓐ

① 

② 

ⓒ

① 

② 

17과

ごはんを食(た)べて、学校(がっこう)へ行(い)きます。

밥을 먹고, 학교에 가요

17과를 배우면 이런 말을 할 수 있게 돼요

- 밥을 먹어서 배가 불러요.
- 친구를 만나서 같이 점심을 먹어요.
- 공부를 하고 집으로 돌아와요.
- 오늘은 여기까지 읽어.

학습포인트

- 동사에 접속조사 て를 접속하는 방법을 익힙니다.
- 동사문 단문을 복문으로 말할 수 있게 됩니다.

핵심표현

- 동사 て形의 연습
- ごはんを 食(た)べて コーヒーを 飲(の)みます。
- ごはんを 食(た)べて お腹(なか)が いっぱいです。
- シンちゃん、早(はや)く ごはん 食(た)べて。

1 동사의 분류

① 동사는 모양에 따라 상하1단 활용 동사(上下一段活用動詞), 5단 활용 동사(五段活用動詞), 변격 활용 동사(変格活用動詞)의 3가지로 나뉩니다. (5단 활용 동사를 1그룹동사, 상하1단 활용 동사를 2그룹동사, 변격 활용 동사를 3그룹동사라고 부르기도 합니다.)

② 상1단 활용 동사와 하1단 활용 동사를 묶어서 상하1단 활용 동사라고 부르기도 합니다.

③ 변격 활용 동사는 오다(来る), 하다(する)의 두 가지가 있습니다.

2 5단 동사의 어미

5단 동사의 어미는 9가지(う·く·ぐ·す·つ·ぬ·ぶ·む·る)입니다. 5단 동사의 어미와 각 어미에 해당하는 동사를 예로 들어 보면 다음과 같습니다.

ア段	イ段	ウ段	エ段	オ段		각 어미에 해당하는 동사 예
あ	い	う	え	お		会(あ)う
か	き	く·ぐ	け	こ		聞(き)く· 泳(およ)ぐ
さ	し	す	せ	そ		話(はな)す
た	ち	つ	て	と		待(ま)つ
な	に	ぬ	ね	の		死(し)ぬ
は	ひ	ぶ	へ	ほ		遊(あそ)ぶ
ま	み	む	め	も		飲(の)む
や		ゆ		よ		
ら	り	る	れ	ろ		乗(の)る
わ				を	ん	
	上一段	어미	下一段			

3 동사＋て　① ~(하)고 ② ~(해)서 ③ ~(해)

동사에 て를 접속하여 단문을 복문으로 만들 수 있습니다. ①~③의 해석 중 우리말이 자연스럽도록 적절하게 해석합니다.

① ごはんを 食(た)べて コーヒーを 飲(の)みます。　밥을 먹고 커피를 마십니다.

ごはんを 食(た)べて お腹(なか)が いっぱいです。　밥을 먹어서 배가 부릅니다.

シンちゃん、早(はや)く ごはん 食(た)べて。　신, 빨리 밥 먹어.

② 新聞(しんぶん)を 読(よ)んで テレビを 見(み)ます。　신문을 읽고 텔레비전을 봅니다.

今(いま)、新聞(しんぶん)を 読(よ)んで わかりました。　지금, 신문을 읽어서 알았어요.

シンちゃん、今日(きょう)は ここまで 読(よ)んで。　신, 오늘은 여기까지 읽어.

③ 勉強(べんきょう)を して 家(うち)へ 帰(かえ)ります。　공부를 하고 집으로 돌아옵니다.

一日中(いちにちじゅう) 勉強(べんきょう)して、もう 疲(つか)れました。　하루종일 공부해서, 피곤해요.

明日(あした) テストだから、今日(きょう)は 家(うち)で 勉強(べんきょう)して。

내일 시험이니까, 오늘은 집에서 공부해라.

④ 今日(きょう)は 早(はや)く 家(うち)へ 帰(かえ)って、また 明日(あした) 会(あ)いましょう。

오늘은 일찍 집에 가고, 내일 다시 만납시다.

家(うち)へ 帰(かえ)って、手(て)を 洗(あら)います。　집에 가서 손을 씻습니다.

早(はや)く 帰(かえ)って。　빨리 집에 가.

어휘체크

お腹(なか) 배	**いっぱいだ** 가득 차다	**速(はや)く** 빨리	**新聞(しんぶん)** 신문
一日中(いちにちじゅう) 하루 종일	**もう** 이제, 이미	**疲(つか)れる** 피곤하다	**明日(あした)** 내일

4 て形(けい)활용

동사 어미와 て가 만나면서 동사 일부에서 일어나는 음운변화를 '음편현상'이라 합니다. 다음 설명을 참조하여 각 동사에 て를 붙여 보세요.

1) 상하1단 활용 동사 : 어미 る를 떼어내고 て를 붙입니다.

起(お)きる → 起(お)きて　見(み)る ______　落(お)ちる ______　降(お)りる ______

食(た)べる ______　寝(ね)る ______　かける ______　遅(おく)れる ______

2) 5단 활용 동사 : 어미의 모양에 따라 4가지로 나누어 익힙니다.

① う・つ・る ⇒ って

会(あ)う → 会(あ)って　待(ま)つ ______　乗(の)る ______

使(つか)う ______　作(つく)る ______　立(た)つ ______

! 帰(かえ)る ______　! 知(し)る ______

주의 **帰(かえ)る**와 **知(し)る**는 5단 동사입니다. 활용에 주의하세요.

② ぬ・ぶ・む ⇒ んで

飲(の)む → 飲(の)んで　呼(よ)ぶ ______　死(し)ぬ ______

結(むす)ぶ ______　踏(ふ)む ______　読(よ)む ______

③ く・ぐ ⇒ いて・いで

聞(き)く → 聞(き)いて　急(いそ)ぐ ______　置(お)く ______

泳(およ)ぐ ______　開(あ)く ______　省(はぶ)く ______

④ す ⇒ して

貸(か)す → 貸(か)して　話(はな)す ______　返(かえ)す ______

3) **변격 활용 동사** : 활용된 모양을 외웁니다.

来(く)る → 来(き)て　　　　する → して

예외 行(い)く → 行(い)って

1 2 3 4 **연습** 다음 기본형 문장을 예와 같이 て形으로 바꿔 보세요.

예 朝(あさ)、起(お)きる 아침에 일어난다 ⇒朝(あさ)、起(お)きて	歯(は)を 磨(みが)く 이를 닦는다	顔(かお)を 洗(あら)う 세수를 한다	ごはんを 食(た)べる 밥을 먹는다	新聞(しんぶん)を 読(よ)む 신문을 읽는다
家(うち)を 出(で)る 집을 나선다	学校(がっこう)へ 行(い)く 학교에 간다	友(とも)だちに 会(あ)う 친구를 만난다	勉強(べんきょう)を する 공부를 한다	バスに 乗(の)る 버스를 탄다
水(みず)を 飲(の)む 물을 마신다	日本語(にほんご)を 習(なら)う 일본어를 배운다	本(ほん)を 買(か)う 책을 산다	駅(えき)まで 歩(ある)く 역까지 걷는다	家(うち)へ 帰(かえ)る 집으로 돌아간다
手(て)を 洗(あら)う 손을 씻는다	ケーキを 作(つく)る 케이크를 만든다	少(すこ)し 休(やす)む 조금 쉰다	友(とも)だちが 来(く)る 친구가 온다	メールを 書(か)く 메일을 쓴다
映画(えいが)を 見(み)る 영화를 본다	ゲームを する 게임을 한다	MP3を 聞(き)く mp3를 듣는다	教室(きょうしつ)に 入(はい)る 교실에 들어간다	寝(ね)る 잠잔다

私の一日

私は 毎日、午前 6時に 起きて シャワーを します。朝ごはんを 食べて 歯を 磨きます。7時から コーヒーを 飲んで 新聞を 読みます。

8時に 学校へ 行って 勉強を します。それから 友だちに 会って 一緒に 昼ごはんを 食べます。

午後 4時から バイトを します。7時に 家へ 帰ります。

家で 晩ごはんを 食べて、少し 休んで、本を 読みます。11時ごろ 寝ます。

わたしはこんなひとです! 5

9과에서 써 본 「私(わたし)の一日(いちにち) I」를 て形으로 연결하여 매끄러운 문장으로 다시 써 보세요.

聞(き)いてみましょう

1. 다음 문장을 듣고 그림을 순서대로 나열해 보세요.

①

②

③

④

⑤

순서 : ________ ________ ________ ________ ________

2. 다음 문장을 듣고 빈칸을 채워 보세요.

ⓐ 歯(は)を ________ 顔(かお)を 洗(あら)います。

ⓑ 学校(がっこう)へ ________ 友(とも)だちに 会(あ)います。

ⓒ 水(みず)を ________ 勉強(べんきょう)します。

ⓓ 友(とも)だちが ________ 一緒(いっしょ)に ごはんを 食(た)べます。

18과

学生番号を 書いてください。

학번을 써 주세요

18과를 배우면 이런 말을 할 수 있게 돼요

- 맛있으니까 많이 드세요.
- 잠깐 기다려 주세요.
- 내 이야기 잘 들어.

학습포인트

- 「~てください」 표현을 우리말로 적절하게 해석할 수 있게 됩니다.
- 동사에 「~てください」를 접속하여 일본어로 말할 수 있게 됩니다.

핵심표현

- 皆さん、よく 聞いてください。
- おいしいですから、どうぞ、たくさん 食べてください。
- 私の話を よく 聞いて。

練習(れんしゅう)してみましょう

1 ~てください。 ~(해) 주세요.

부드러운 명령, 부탁의 의미입니다.

① 皆(みな)さん、よく 聞(き)いてください。 여러분, 잘 들어 주세요.

② ごはんは 家(うち)で 食(た)べてください。 밥은 집에서 먹으세요.

③ ちょっと 待(ま)ってください。 잠깐 기다려 주세요.

④ 名前(なまえ)を 書(か)いてください。 이름을 써 주세요.

⑤ すみませんが、もう一度(いちど) 言(い)ってください。 죄송합니다만, 한 번 더 말해 주세요.

2 ~てください。 ~해 주세요.

권유의 의미입니다. 이 경우는 「~ください」를 직역하면 우리말의 어감이 달라지는 경우가 많으므로 '~(하)세요', '~(하)시지요'등으로 해석하는 편이 자연스럽습니다,

① おいしいですから、どうぞ、たくさん 食(た)べてください。 맛있으니까, 많이 드시지요.

② 明日(あした)は 家(うち)で ゆっくり 休(やす)んでください。 내일은 집에서 푹 쉬시지요.

③ 体(からだ)に いいですから、ミルクを 毎日(まいにち) 飲(の)んでください。

몸에 좋으니까, 우유를 매일 마시세요.

④ 本(ほん)を たくさん 読(よ)んでください。 책을 많이 읽으세요.

⑤ よかったら 森(もり)さんも 一緒(いっしょ)に 来(き)てください。

괜찮으시면, 모리 씨도 같이 오시지요.

어휘체크

ちょっと 조금, 잠깐	もう一度(いちど) 한 번 더	言(い)う 말하다
ゆっくり 푹, 천천히	毎日(まいにち) 매일	体(からだ) 몸

123 연습 동사에 ~てください를 접속하여 문장을 완성해 보세요.

動詞(どうし)	例文(れいぶん)
起(お)きる	明日(あした)の朝(あさ)は、はやく ______ 내일 아침에는 일찍 일어나 주세요.
洗(あら)う	食事(しょくじ)の前(まえ)は 手(て)を ______ 식사 전에는 손을 씻어 주세요.
読(よ)む	毎日(まいにち)、新聞(しんぶん)を ______ 매일, 신문을 읽어 주세요.
乗(の)る	学校(がっこう)へ行(い)く時(とき)は バスに ______ 학교에 갈 때는 버스를 타 주세요.
勉強(べんきょう)する	明日(あした)は テストですから、今日(きょう)は ______ 내일은 시험이니까, 오늘은 공부해 주세요.
飲(の)む	水(みず)は 少(すこ)しずつ ______ 물은 조금씩 마셔 주세요.
買(か)う	本(ほん)は 自分(じぶん)で ______ 책은 본인이 사 주세요.
書(か)く	質問(しつもん)がある時(とき)は メールを ______ 질문이 있을 때는 메일을 써 주세요.
待(ま)つ	教室(きょうしつ)で 30分(ぷん)ぐらい ______ 교실에서 30분 정도 기다려 주세요.
帰(かえ)る	家(うち)へ 早(はや)く ______ 집에 빨리 돌아가 주세요.

3 よく聞(き)いて。 잘 들어.

「ください」가 생략되면 보통체가 됩니다.

① 私(わたし)の話(はなし)を よく 聞(き)いて。 내 이야기를 잘 들어.

② たくさん 食(た)べて。 많이 먹어.

③ ちょっと 待(ま)って。 조금 기다려.

④ ゆっくり 休(やす)んで。 푹 쉬어.

⑤ ここに 名前(なまえ)を 書(か)いて。 여기에 이름을 써.

memo

접두어 御(お·ご)

한자 御는 '단어나 문장의 앞머리에 붙는 말이다'란 의미로 접두어(接頭語)라 합니다. 경우에 따라 おㄴ나 ご로 읽히는 경우가 많습니다. 존경이나 겸양, 공손의 뉘앙스를 더하는 역할을 합니다. 또 어린이나 여성이 성인 남성에 비해 접두어 おㄴ나 ご를 더 많이 사용합니다. 다음 단어를 참고하여 용례를 익혀 보세요.

水(みず)(물) → お水(みず)
酒(さけ)(술) → お酒(さけ)
菓子(かし)(과자) → お菓子(かし)
皿(さら)(접시) → お皿(さら)
風呂(ふろ)(욕조, 목욕) → お風呂(ふろ)
はん(밥) → ごはん
両親(りょうしん)(부모) → ご両親(りょうしん)

어휘체크

ビール 맥주	スープ 스프	薬(くすり) 약	おやつ 간식	お菓子(かし) 과자
果物(くだもの) 과일	船(ふね) 배	飛行機(ひこうき) 비행기	乗り物(のりもの) 탈것	手(て) 손
顔(かお) 얼굴	足(あし) 발	髪(かみ) 머리(카락)	皿(さら) 접시	教室(きょうしつ) 교실
部屋(へや) 방	建物(たてもの) 건물	音楽(おんがく) 음악	ラジオ 라디오	授業(じゅぎょう)수업
講義(こうぎ) 강의	話(はなし) 이야기	手紙(てがみ) 편지	レポート 레포트	雑誌(ざっし) 잡지
仕事(しごと) 일	宿題(しゅくだい) 숙제	朝寝坊(あさねぼう) 늦잠	スポーツ 스포츠	チェック 체크

こんな表現(ひょうげん)も！

동사와 함께 자주 쓰이는 다음 어휘를 익혀봅시다.

・水(みず)を　・コーヒーを　・酒(さけ)を　・ジュースを　・ビールを　・スープを　・薬(くすり)を

飲(の)む

・ごはんを　・おやつを　・お菓子(かし)を　・果物(くだもの)を

食(た)べる

・バスに　・地下鉄(ちかてつ)に　・船(ふね)に　・飛行機(ひこうき)に　・乗(の)り物(もの)に

乗(の)る

・手(て)を　・顔(かお)を　・足(あし)を　・髪(かみ)を　・皿(さら)を

洗(あら)う

・風呂(ふろ)に　・教室(きょうしつ)に　・部屋(へや)に　・建物(たてもの)に

入(はい)る

・音楽(おんがく)を　・ラジオを　・授業(じゅぎょう)を　・講義(こうぎ)を　・話(はなし)を

聞(き)く

・メールを　・手紙(てがみ)を　・レポートを

書(か)く

・新聞(しんぶん)を　・本(ほん)を　・雑誌(ざっし)を

読(よ)む

・勉強(べんきょう)を　・仕事(しごと)を　・宿題(しゅくだい)を　・朝寝坊(あさねぼう)を　・スポーツを　・チェック

する

本文(ほんぶん)

お知(し)らせ

お知(し)らせがあります。これから 先生(せんせい)の

話(はなし)を よく 聞(き)いてください。

来週(らいしゅう)の金曜日(きんようび)は テストです。

午前(ごぜん) 9時(じ)から 9時(じ) 50分(ぷん)までです。

8時半(じはん)までに 来(き)てください。

教室(きょうしつ)で 30分(ぷん)ぐらい 待(ま)ってください。

解答(かいとう)は えんぴつで 書(か)いてください。

名前(なまえ)と 学生番号(がくせいばんごう)は ボールペンで

書(か)いてください。

皆(みな)さん、頑張(がんば)ってください。

memo

수단·방법을 나타내는 「で」

수단·방법·도구·재료 등을 나타낼 때 조사 「で」를 사용합니다. 우리말로 '~(으)로'라고 해석하면 대체로 적절합니다.

① バスで 来(き)ました。	버스로 왔습니다.
② えんぴつで 書(か)いてください。	연필로 써 주세요.
③ 紙(かみ)は はさみで 切(き)ってください。	종이는 가위로 잘라 주세요.

어휘체크

お知(し)らせ 알림	これから 지금부터	来週(らいしゅう) 다음주	~までに (늦어도)~까지는
くらい/ぐらい 정도	解答(かいとう) 해답	えんぴつ 연필	~で ~로
学生番号(がくせいばんごう) 학번	皆(みな)さん 여러분	頑張(がんば)る 분발하다	

聞いてみましょう

1. 다음 문장을 듣고 해당하는 그림에 체크하세요.

ⓐ

①

②

③

ⓑ

①

②

③

ⓒ

①

②

③

2. 다음 문장을 듣고 빈칸을 채워 보세요.

ⓐ 先生の話を よく ______________________

ⓑ よかったら、一緒に ______________________

ⓒ ちょっと ______________________

ⓓ ゆっくり ______________________

ⓔ 学生番号を ______________________

日本人ならだれでも連想する 銭湯と富士山

센토(銭湯)란 일본의 대중목욕탕을 말합니다. 후로야(風呂屋)라고도 합니다.

도쿄를 중심으로 동일본(東日本)지역의 센토에는 특징적으로 탕 벽면에 후지산이 그려져 있습니다. 그래서인지 일본인들은 센토하면 후지산을 떠올린다고 합니다.

한국의 대중목욕탕은 새벽부터 문을 열지요. 하지만 일본의 센토는 대체로 오후 3시경에 문을 열어 밤 11시쯤에는 문을 닫는답니다. 일본에서 뜨거운 물에 몸을 담그며 피로를 풀고 싶다면 오후에 센토를 찾아야 겠지요?

벽면에 후지산이 그려져 있는 센토(銭湯) 내부 전경

사진 : http://ja.wikipedia.org

19과

図書館で 本を 読んでいます。

도서관에서 책을 읽고 있어요

19과를 배우면 이런 말을 할 수 있게 돼요

- 저는 서울에 살고 있어요.
- 지금 도서관에서 책을 읽고 있어요.

학습포인트

- 진행표현에 대한 우리말과 일본어의 차이점을 알아봅니다.
- 동사에 「~ています」를 접속하는 연습을 합니다.
- 현재 진행되고 있는 동작을 일본어로 표현할 수 있게 됩니다.
- 현재 지속되고 있는 상태를 일본어로 표현할 수 있게 됩니다.

핵심표현

- 本を 読んでいます。
- もう バスに 乗っています。

1 ~ています。 ~(하)고 있습니다.

현재 동작이 진행되는 경우, 또 장기간에 걸쳐 동작이 반복되는 경우를 나타냅니다.

① 図書館(としょかん)で 本(ほん)を 読(よ)んでいます。	도서관에서 책을 읽고 있습니다.
② 家(うち)で ごはんを 食(た)べています。	집에서 밥을 먹고 있습니다.
③ 自分(じぶん)の 部屋(へや)で 勉強(べんきょう)しています。	내 방에서 공부하고 있습니다.
④ 友(とも)だちに 会(あ)っています。	친구를 만나고 있습니다.
⑤ お茶(ちゃ)を 飲(の)んでいます。	차를 마시고 있습니다.
⑥ 大学(だいがく)で 勉強(べんきょう)しています。	대학에서 공부하고 있습니다.
⑦ 会社(かいしゃ)で 働(はたら)いています。	회사에서 일하고 있습니다.

2 ~ています。 ~ 하고 있습니다.

어떤 동작의 결과, 상태가 지속되는 경우를 나타냅니다.

① もう バスに 乗(の)っています。	이미 버스를 탔습니다.
② ソウルに 住(す)んでいます。	서울에 삽니다.
③ ひるごはんは もう 食(た)べています。	점심밥은 벌써 먹었습니다.
④ 車(くるま)が 止(と)まっています。	차가 멈춰서 있습니다.
⑤ 窓(まど)が 開(あ)いています。	창문이 열려 있습니다.
⑥ 田中(たなか)さんを 知(し)っていますか。	다나카 씨를 알고 있습니까?

어휘체크

図書館(としょかん) 도서관	自分(じぶん) 자기, 자신	お茶(ちゃ) 차	もう 이제, 이미, 벌써	住(す)む 살다
働(はたら)く 일하다	止(と)まる 멈추다	窓(まど) 창문	開(あ)く 열리다	知(し)る 알다

연습 다음 문장을 예와 같이 고쳐 보세요.

예 起きる → 起きています	歯を 磨く	顔を 洗う	ごはんを 食べる	新聞を 読む
家を 出る	学校へ 行く	友だちに 会う	勉強を する	バスに 乗る
水を 飲む	日本語を 習う	本を 買う	駅まで 歩く	家へ 帰る
手を 洗う	ケーキを 作る	少し 休む	友だちが 来る	メールを 書く
テレビを 見る	ゲームを する	MP3を 聞く	シャワーを する	寝る

내가 만든다 예와 같이 「ています」를 사용하여 문장을 쓰고 그림을 그려 보세요.

예 私は 音楽を 聞いてします。

3 ごはんを 食(た)べましたか。　　밥 먹었어요?

'밥 먹었어요?'라는 질문에 다음과 같은 네 가지 대답이 있을 수 있겠습니다. 각 대답이 갖고 있는 뉘앙스의 차이에 유의해서 익혀 봅시다.

① A: ごはんを 食(た)べましたか。	밥 먹었어요?
B_1: はい、食(た)べました。	예, 먹었어요.
B_2: はい、もう 食(た)べています。	예, 먹었어요.
B_3: いいえ、まだ 食(た)べていません。	아니요, 아직 안 먹었어요.
B_4: いいえ、食(た)べませんでした。	아니요, 안 먹었어요.

② A: 結婚(けっこん)しましたか。	결혼 했어요?
B_1: はい、しました。	네, 결혼했어요.
B_2: はい、結婚(けっこん)しています。	네, 결혼했어요.
B_3: いいえ、まだ 結婚(けっこん)していません。	아니요, 아직 결혼 안했어요.
B_4: いいえ、結婚(けっこん)しませんでした。	아니요, 결혼 안했어요.

memo

「まだ 食(た)べていません。」과 「食(た)べませんでした。」

「まだ 食(た)べていません。」은 '밥을 먹기는 할 생각인데 아직 못 먹었다'는 의미입니다. 간단하게 「まだです。」라고 표현해도 좋겠습니다. 이에 비해 「食(た)べませんでした。」는 '식사를 하지 않고 때를 넘겼다'는 의미의 과거표현입니다.

こんな表現も!

「~ています」 문형의 다음 표현들도 익혀 봅시다.

鈴木さんは 今、	스즈키 씨는 지금,
帽子を かぶっています。	모자를 쓰고 있습니다.
Tシャツを 着ています。	티셔츠를 입고 있습니다.
スカートを はいています。	치마를 입고 있습니다.
ハイヒールを はいています。	하이힐을 신고 있습니다.

赤いコートを 着ている人は 花田さんです。

빨간 코트를 입고 있는 사람은 하나다 씨입니다.

ごみを 拾っている人は 渡辺さんです。

쓰레기를 줍고 있는 사람은 와타나베 씨입니다.

大きいかばんを 持っている人は キムさんです。

큰 가방을 들고 있는 사람은 김 씨입니다.

ベンチに 座っている人は 高橋さんです。

벤치에 앉아 있는 사람은 다카하시 씨입니다.

ベンチの横に 立っている人は パクさんです。

벤치 옆에 서 있는 사람은 박 씨입니다.

어휘체크

帽子 모자	かぶる 쓰다	着る 입다	はく 입다, 신다	ごみ 휴지, 쓰레기
拾う 줍다	持つ 가지다, 들다	座る 앉다	横 옆	立つ 서다

本文(ほんぶん)

図書館(としょかん)で 本(ほん)を 読(よ)んでいます。

私(わたし)の名前(なまえ)は ソン・ミンスです。今(いま)、ソウルに 住(す)んでいます。

大学生(だいがくせい)です。大学(だいがく)で デザインを 勉強(べんきょう)しています。学校(がっこう)は ソンナムに あります。

毎日(まいにち)、バスに 乗(の)って 通(かよ)っています。

最近(さいきん)は 学校(がっこう)で 日本語(にほんご)を 習(なら)っています。日本語(にほんご)の勉強(べんきょう)は とても 楽(たの)しいです。

授業(じゅぎょう)の後(あと)は、友(とも)だちと 日本語(にほんご)の単語(たんご)を 覚(おぼ)えながら コーヒーを 飲(の)みます。

コーヒーを 飲(の)んで、図書館(としょかん)で 専門(せんもん)の勉強(べんきょう)を して、家(うち)へ 帰(かえ)ります。

어휘체크

名前(なまえ) 이름	**住む**(す) 살다, 거주하다	**通う**(かよ) 다니다	**最近**(さいきん) 최근	**習う**(なら) 배우다
単語(たんご) 단어	**覚える**(おぼ) 외우다	**図書館**(としょかん) 도서관	**専門**(せんもん) 전공	

わたしはこんなひとです! 6

본문과 같이「ています」문형을 사용하여 자신을 소개해 보세요.

聞(き)いてみましょう

1. 다음 대화 내용을 듣고 선을 연결해 보세요.

①

②

③

④

ⓐ 鈴木(すずき)　ⓑ パク　ⓒ 花田(はなだ)　ⓓ 吉田(よしだ)

2. 다음 문장을 듣고 빈칸을 채워 보세요.

ⓐ ソウル ＿＿＿＿ 住(す)んでいます。

ⓑ 大学(だいがく) ＿＿＿＿ 勉強(べんきょう)しています。

ⓒ A: ごはんを食(た)べましたか。

B: いいえ、＿＿＿＿ 食(た)べていません。

ⓓ 家(うち) ＿＿＿＿ 帰(かえ)っています。

20과 私(わたし)は こんな人(ひと)です。 저는 이런 사람이에요

학습포인트

- 그동안 배웠던 표현들을 모아 자기소개서를 완성할 수 있습니다. 1과부터의 학습내용을 복습하면서 자기소개에 유용한 표현들을 모아 보고, 문장을 다듬어 자기소개서를 작성해 봅시다.

1 앞에서 작성했던 **わたしはこんなひとです!** 를 옮겨 적어 봅니다.

① **2과**(37쪽)

② **6과**(73쪽)

③ **13과**(142쪽)

④ **15과**(158쪽)

⑤ **17과**(175쪽)

⑥ **19과**(191쪽)

2 1의 문장을 재구성하여 다음과 같이 자기소개서를 작성해 봅니다.

これから 自己紹介を します。

わたしはこんなひとです！ 1

私の名前は ソン・ミンスです。大学生です。

わたしはこんなひとです！ 6

今 ○○大学で デザインを 勉強しています。ソウルに 住んでいます。

わたしはこんなひとです！ 2

趣味は スポーツです。スポーツの中で サッカーが 一番 好きです。好きな食べ物は キムチ・チゲです。

わたしはこんなひとです！ 6

最近は 日本語を 習っています。あまり 上手ではありませんが、日本語の勉強は 楽しいです。

わたしはこんなひとです！ 5

平日は 朝6時に 起きて、8時に 学校へ 行きます。午後は だいたい バイトを して、7時ごろ 家へ 帰ります。週末は 家で 休みます。コーヒーを 飲みながら 本を 読みます。ときどき 友だちと 映画を 見に 行きます。私は コメディなどの 明るい 映画が 好きです。

わたしはこんなひとです！ 4

私は 今、大学で デザインを 勉強していますが、その中でも ウェブ・デザインに とても 興味が あります。将来は ウェブ・デザイナーに なりたいです。

どうぞ よろしく お願いします。

自己紹介書（じこしょうかいしょ）

memo

일본어로 자기소개서 작성 시 유의할 점

본문에 「私(わたし)は~」라는 표현이 너무 많이 들어가지 않도록 주의합니다. 자기 주장을 강하게 하는 듯한 인상을 주기 쉽습니다.

해석 및 해답

본문 해석

2과 저는 대학생이에요

저의 이름은 손민수입니다.

저는 학생입니다. 지금 ○○대학교 1학년입니다.

잘 부탁드립니다.

3과 전화번호 좀 부탁드릴 수 있을까요

손 : 여보세요.

모리 : 여보세요.

손 : 모리 씨, 안녕하세요. 손민수예요.

모리 : 손 씨, 안녕하세요.

손 : 저기, 죄송합니다만, 다카야마 씨 휴대전화 번호 좀 부탁해도 될까요?

모리 : 다카야마 씨요? 010-123-4567이에요.

손 : 공일공, 일이삼의 사오륙칠이군요. 감사합니다.

4과 작은 케이크 있어요?

점원 : 어서 오십시오.

마리 : 저기, 작은 케이크 있어요?

점원 : 네, 있습니다. 이쪽은 어떠십니까?

마리 : 어머, 귀여워. 달아요?

점원 : 아니요, 별로 달지 않습니다.

마리 : 좋네요. 그거 부탁해요. 얼마예요?

점원 : 만삼천원입니다.

5과 멋진 건물이군요

모리 : 이건 운동선수 사진인가요?

손 : 아니요, 아니에요. 친구 사진이에요.

모리 : 모두 건강하군요. 뒤쪽의 멋진 건물은 학교인가요?

손 : 네, 그래요. 여기는 학생회관이에요. 학생식당과 동아리방이 있어요.

모리 : 활기 있군요.

손 : 네, 별로 조용하지는 않지만, 즐거운 곳이에요.

6과 무엇을 제일 좋아하나요?

저는 스포츠를 좋아합니다. 축구를 제일 좋아합니다. 수영도 좋아하지만, 그렇게 잘하지는 않습니다.

좋아하는 음식은 김치찌개입니다. 싫어하는 음식은 햄버거입니다.

외국어는 일본어를 좋아합니다. 일본어 공부는 재미있지만, 조금 어렵습니다.

7과 스무고개

질문 1: 그건 동물인가요?

힌트: 아니요, 동물이 아니에요. 사람입니다.

질문 2: 남성인가요, 여성인가요?

힌트: 남성입니다.

질문 3: 학생입니까?

힌트: 아니요, 학생이 아닙니다. 선생님입니다.

질문 4: 그는 일본어를 잘하나요?

힌트: 아니요, 일본어는 별로 잘하지 않습니다만, 영어는 아주 잘합니다.

질문 5: 영어 선생님!

힌트: 빙고!

8과 시간표

화요일은 일본어와 교육학이 있습니다.

일본어는 3, 4교시입니다. 오전 10시 50분부터 12시 30분까지입니다.

교육학은 6, 7, 8교시입니다. 수업은 5시에 끝납니다. 점심시간은 12시 30분부터 1시 30분까지입니다.

9과 나의 하루

나는 매일 아침, 오전 6시에 일어난다. 6시부터 샤워를 한다. 그리고 아침밥을 먹는다.

7시부터 커피를 마신다, 그리고 신문을 읽는다. 8시에 학교에 간다. 학교에서 공부를 한다. 그리고 친구를 만난다. 오후 4시부터 7시까지 아르바이트를 한다. 7시쯤 집에 간다. 집에서 저녁밥을 먹는다. 8시부터 9시까지 TV를 본다. 9시부터 11시까지 공부를 한다. 11시에 잔다.

10과 저는 매일 아침 6시에 일어나요

나는 매일 아침, 오전 6시에 일어납니다.

6시 30분부터 샤워를 합니다. 그리고 아침밥을 먹습니다.

7시부터 커피를 마십니다. 그리고 신문을 읽습니다.

8시에 학교에 갑니다. 학교에서 공부를 합니다. 그리고 친구를 만납니다. 학생식당에서 점심밥을 먹습니다.

오후 4시부터 7시까지 아르바이트를 합니다. 7시쯤 집에 갑니다. 집에서 저녁밥을 먹습니다.

8시부터 9시까지 TV를 봅니다. 9시부터 공부를 합니다. 11시쯤 잡니다.

11과 앙케이트

대학생의 여름방학 생활에 대한 앙케이트입니다.

1. 여름방학에 어딘가 여행하러 갔었습니까?

　⇨ ⓐ 네, 갔었습니다.

　　ⓑ 아니요, 아무 데도 가지 않았습니다.

　　(ⓐ의 경우) 어디에 갔습니까?

　　(ⓑ의 경우) 집에서 무엇을 했습니까?

2. 여름방학에 뭔가 아르바이트를 했습니까?

　⇨ ⓐ 네, 했습니다.

　　ⓑ 아니요, 아무것도 하지 않았습니다.

　　(ⓐ의 경우) 어떤 아르바이트를 했습니까?

　　　⇨ 서비스, 판매, 제조, 영업, IT, 교육

　　　　기타(　　　　　　　　　　　　　　)

3. 여름방학에 뭔가 공부를 했습니까?

　⇨ ⓐ 네, 제법 했습니다.

　　ⓑ 네, 조금 했습니다.

　　ⓒ 아니요, 별로 하지 않았습니다.

　　ⓓ 아니요, 전혀 하지 않았습니다.

　　(ⓐ, ⓑ, ⓒ의 경우) 무엇을 공부 했습니까?

　　　⇨ 전공 공부, 외국어 공부(일본어, 영어, 중국어, 기타)

　　　　기타(　　　　　　　　　　　　　　　　　　)

12과 열쇠를 잃어버렸어요

박 : 모리 씨, 무슨 일 있어요?

모리 : 열쇠를 어딘가에서 잃어버렸어요. 어디 있는 걸까.

박 : 같이 찾아볼까요. 앗, 찾았어요. 서랍 안에 있었어요.

모리 : 그래요? 살았어요. 고맙습니다.

13과 맥주를 마시면서 영화 이야기를 해요

모리 : 손 씨, 주말에는 보통 무얼 하시나요?

손 : 대개 집에서 푹 쉬어요. 커피를 마시면서 책을 읽어요. 모리 씨는 어떠세요?

모리 : 가끔 친구와 함께 영화를 보러 가요. 영화를 보고 맥주를 마시면서 영화 이야기를 해요.
손 씨는 어떤 영화가 좋으세요? 호러, 액션, 연애, 서스펜스, SF, 애니메이션….

손 : 글쎄요. 저는 밝은 영화를 좋아해요. 예를 들면 코미디라든지.

14과 생일은 언제인가요?

하나다 : 여보세요, 손 씨인가요? 하나다예요. 안녕하세요.

손 : 아, 하나다 씨, 오랜만이에요. 잘 지내셨어요?

하나다 : 예, 덕분에 잘 지냈어요. 손 씨, 생일 축하해요.

손 : 고마워요.

하나다 : 이번 주 토요일에 시간 있어요?

손 : 토요일이요? 토요일은 학교에서 공부모임이 있어요. 하지만 일요일은 한가해요.

하나다 : 그럼, 같이 영화 보러 가지 않을래요?

손 : 영화요? 가요. 10월 2일, 일요일이지요. 어디서 만날까요?

하나다 : 지하철역에서 오후 2시에, 어때요?

손 : 좋아요. 그럼 일요일에 봐요.

15과 작가가 되고 싶어요

무라카미 : 이 세계지도를 봐 주세요. 이 중에서 가장 가고 싶은 나라는 어디예요?

손 : 글쎄요. 언젠가 인도에 가고 싶어요. 인도는 과거와 미래가 현재에 있는, 정말로 이상한 나라래요. 무라카미 씨도 여행 좋아하세요?

무라카미 : 좋아해요. 세계의 여러 나라를 여행하고 싶어요. 여행하면서 만난 사람들의 이야기를 쓰는 여행 작가가 되고 싶어요.

16과 덮밥

덮밥은 빠르고 싸고 편리한 음식입니다. 종류는 다양해서, 튀김덮밥, 장어덮밥, 오야코덮밥 등이 있습니다. 튀김덮밥은 그릇에 밥, 밥 위에 튀김이 있는 음식이고, 덴동이라고도 합니다. 장어덮밥(우나동)은 밥 위에 장어가 있는 일본요리입니다. 그러면 오야코덮밥은 밥 위에 무엇이 있는 음식일까요?

17과 나의 하루

나는 매일, 오전 6시에 일어나서 샤워를 합니다. 아침을 먹고 이를 닦습니다.

7시부터 커피를 마시고 신문을 읽습니다.

8시에 학교에 가서 공부를 합니다. 그리고 친구를 만나서 같이 점심밥을 먹습니다.

오후 4시부터 아르바이트를 합니다. 7시에 집에 갑니다.

집에서 저녁밥을 먹고 조금 쉬고 책을 읽습니다. 11시쯤 잡니다.

18과 공지사항

공지사항이 있습니다. 지금부터 선생님의 이야기를 잘 들어 주세요.

다음주 금요일은 테스트입니다. 오전 9시부터 9시 50분까지입니다.

8시 30분까지는 와 주세요. 교실에서 30분 정도 기다려 주세요.

해답은 연필로 써 주세요. 이름과 학번은 볼펜으로 써 주세요.

여러분 분발해 주세요.

19과 도서관에서 책을 읽고 있어요

제 이름은 손민수입니다. 지금 서울에 살고 있습니다. 대학생입니다. 대학에서 디자인을 공부하고 있습니다. 학교는 성남에 있습니다. 매일 버스를 타고 다니고 있습니다.

최근에는 학교에서 일본어를 배우고 있습니다. 일본어 공부는 아주 즐겁습니다. 수업 후에는 친구와 일본어 단어를 외우면서 커피를 마십니다. 커피를 마시고, 도서관에서 전공 공부를 하고 집으로 돌아갑니다.

20과 자기소개서

지금부터 자기소개를 하겠습니다.

제 이름은 손민수입니다. 대학생입니다.

지금 ○○대학에서 디자인을 공부하고 있습니다. 서울에 살고 있습니다.

취미는 스포츠입니다. 스포츠 중에서 축구를 제일 좋아합니다. 좋아하는 음식은 김치찌개입니다.

최근에는 일본어를 배우고 있습니다. 별로 잘하지는 않지만, 일본어 공부는 재미있습니다.

평일에는 아침 6시에 일어나서, 8시에 학교에 갑니다. 오후에는 대개 아르바이트를 하고 7시쯤 집에 갑니다. 주말에는 집에서 쉽니다. 커피를 마시면서 책을 읽습니다. 가끔 친구와 영화를 보러 갑니다. 저는 코미디같은 밝은 영화가 좋습니다.

저는 지금 대학에서 디자인을 공부하고 있는데, 그 중에서도 웹 디자인에 매우 흥미가 있습니다. 장래에는 웹디자이너가 되고 싶습니다.

잘 부탁드립니다.

해답 및 예시

2과

연습1 해답

① あなたは会社員ですか。　　당신은 회사원입니까?
② 私は主婦です。　　저는 주부입니다.
③ 鈴木さんは誰ですか。　　스즈키 씨는 누구인가요?
④ 鈴木さんは先生です。　　스즈키 씨는 선생님입니다.
⑤ それはあなたのかばんですか。　　그것은 당신의 가방인가요?
⑥ あれは鈴木先生の車です。　　저것은 스즈키 선생님의 자동차입니다.
⑦ あなたのつくえはどれですか。　　당신의 책상은 어느 것인가요?
⑧ これは私の本です。　　이것은 저의 책이에요.

4과

내가 만든다1 예시

① りんごは赤いです。　　사과는 빨갛습니다.
② コーヒーは熱いです。　　커피는 뜨겁습니다.
③ 日本語は易しいです。　　일본어는 쉽습니다.
④ この本はおもしろいです。　　이 책은 재밌습니다.
⑤ 私の友だちは優しいです。　　내 친구는 상냥합니다.
⑥ この赤いりんごは誰のですか。　　이 빨간 사과는 누구 것인가요?
⑦ 黒いTシャツはいくらですか。　　검은 T셔츠는 얼마예요?
⑧ その小さい日本語の本は私のです。　　그 작은 일본어 책은 제 거예요.
⑨ あのおもしろい人は鈴木さんです。　　저 재미있는 사람은 스즈키 씨예요.

연습 해답

예 おいしい ⇒おいしくない 맛있지 않다	まずい ⇒まずくない 맛없지 않다	甘い ⇒ 甘くない 달지 않다	辛い ⇒ 辛くない 맵지 않다	新しい ⇒ 新しくない 새것이 아니다
熱い⇒ 熱くない 뜨겁지 않다	冷たい ⇒ 冷たくない 차갑지 않다	暖かい ⇒ 暖かくない 따뜻하지 않다	難しい ⇒ 難しくない 어렵지 않다	易しい ⇒ 易しくない 쉽지 않다

おもしろい ⇒おもしろくない 재밌지 않다	赤い ⇒ 赤くない 빨갛지 않다	黄色い ⇒ 黄色くない 노랗지 않다	青い ⇒ 青くない 파랗지 않다	黒い ⇒ 黒くない 검지 않다
長い ⇒ 長くない 길지 않다	短い ⇒ 短くない 짧지 않다	優しい ⇒ 優しくない 상냥하지 않다	良い(良い) ⇒ 良くない 좋지 않다	悪い ⇒ 悪くない 나쁘지 않다
かわいい ⇒ かわいくない 귀엽지 않다	高い ⇒ 高くない 비싸지 않다	安い ⇒ 安くない 싸지 않다	大きい ⇒ 大きくない 크지 않다	小さい ⇒ 小さくない 작지 않다
苦い ⇒ 苦くない 쓰지 않다	怖い ⇒ 怖くない 무섭지 않다	暑い ⇒ 暑くない 덥지 않다	寒い ⇒ 寒くない 춥지 않다	汚い ⇒ 汚くない 더럽지 않다

내가 만든다2 예시

① このめがねは高くないです(高くありません)。 이 안경은 비싸지 않습니다.
② 今日は暖かくないです(暖かくありません)。 오늘은 따뜻하지 않습니다.
③ 私のケータイは黒くないです(黒くありません)。 내 휴대전화는 검지 않습니다.
④ 春は長くないです(長くありません)。 봄은 길지 않습니다.
⑤ 先生は優しくないです(優しくありません)。 선생님은 상냥하지 않습니다.

내가 만든다3 예시

⑥ 高くないケータイありますか。 비싸지 않은 휴대전화 있습니까?
⑦ 暖かくない春です。 따뜻하지 않은 봄입니다.
⑧ 冷たくない先生です。 차갑지 않은(냉정하지 않은) 선생님입니다.
⑨ あまりおもしろくない一日です。 별로 재밌지 않은 하루입니다.

5과

내가 만든다1 예시

① りんごは新鮮です。 사과는 신선해요.
② 私の学校は有名です。 우리 학교는 유명해요.
③ 私の部屋はきれいです。 내 방은 깨끗해요.
④ この本は立派です。 이 책은 멋져요.
⑤ 私の友だちはハンサムです。 내 친구는 잘생겼어요.
⑥ この新鮮なりんごはいくらですか。 이 신선한 사과는 얼마인가요?
⑦ 私の学校は静かな所です。 우리 학교는 조용한 곳이에요.
⑧ これは有名な本です。 이것은 유명한 책이에요.

⑨ 立派な車ですね。誰のですか。　　멋진 차로군요. 누구 것인가요?

⑩ あの親切な人は鈴木さんです。　　저 친절한 사람은 스즈키 씨예요.

연습 해답

예 便利だ ⇒ 便利じゃない 편리하지 않다	きれいだ ⇒きれいじゃない 깨끗하지 않다	静かだ ⇒ 静かじゃない 조용하지 않다	有名だ ⇒ 有名じゃない 유명하지 않다	にぎやかだ ⇒にぎやかじゃない 번화하지 않다
親切だ ⇒ 親切じゃない 친절하지 않다	新鮮だ ⇒ 新鮮じゃない 신선하지 않다	立派だ ⇒ 立派じゃない 멋지지 않다	大丈夫だ ⇒ 大丈夫じゃない 괜찮지 않다	元気だ ⇒ 元気じゃない 건강하지 않다
真面目だ ⇒ 真面目じゃない 성실하지 않다	ハンサムだ ⇒ ハンサムじゃない 잘생기지 않다	だめだ ⇒ だめじゃない 안 되지 않다	簡単だ ⇒ 簡単じゃない 간단하지 않다	暇だ ⇒ 暇じゃない 한가하지 않다
楽だ ⇒ 楽じゃない 편하지 않다	大事だ ⇒ 大事じゃない 소중하지 않다	必要だ ⇒ 必要じゃない 필요하지 않다	不便だ ⇒ 不便じゃない 불편하지 않다	丈夫だ ⇒ 丈夫じゃない 튼튼하지 않다

내가 만든다2 예시

① この店のケーキは新鮮じゃありません。　　이 집 케이크는 신선하지 않습니다.

② ここは静かじゃありません。　　이곳은 조용하지 않습니다.

③ 私のくつはきれいじゃありません。　　내 신발은 깨끗하지 않습니다.

④ 私の友だちは暇じゃありません。　　내 친구는 한가하지 않습니다.

⑤ 私の学校は静かじゃありません。　　나의 학교는 조용하지 않습니다.

7과

연습 해답

い形容詞		
寒い	寒くないです(寒くありません)。	춥지 않습니다.
かわいい	かわいくないです(かわいくありません)。	귀엽지 않습니다.
おいしい	おいしくないです(おいしくありません)。	맛있지 않습니다.
優しい	優しくないです(優しくありません)。	상냥하지 않습니다.
おもしろい	おもしろくないです(おもしろくありません)。	재미있지 않습니다.

な形容詞		
便利だ	便利じゃないです(便利じゃありません)。	편리하지 않습니다.
きれいだ	きれいじゃないです(きれいじゃありません)。	깨끗하지 않습니다.
親切だ	親切じゃないです(親切じゃありません)。	친절하지 않습니다.
元気だ	元気じゃないです(元気じゃありません)。	건강하지 않습니다.
静かだ	静かじゃないです(静かじゃありません)。	조용하지 않습니다.

名詞		
私	私じゃないです(私じゃありません)。	제가 아닙니다.
会社員	会社員じゃないです(会社員じゃありません)。	회사원이 아닙니다.
私のかばん	私のかばんじゃないです(私のかばんじゃありません)。	제 가방이 아닙니다.
今日	今日じゃないです(今日じゃありません)。	오늘이 아닙니다.
田村さん	田村さんじゃないです(田村さんじゃありません)。	다무라 씨가 아닙니다.

じゃんけんぽん! もの当てクイズ II 해답

① いいえ、人じゃありません。 ② いいえ、酸っぱくありません。 ③ バナナ

9과

연습 해답

① 朝、起きる ② ごはんを食べる ③ 新聞を読む ④ バスに乗る ⑤ 会社へ行く
⑥ 友だちに会う ⑦ 勉強をする ⑧ 先生と話す ⑨ プールで泳ぐ ⑩ 地下鉄を待つ
⑪ 歌を歌う ⑫ 水を飲む ⑬ 子犬と遊ぶ ⑭ テレビを見る ⑮ 音楽を聞く
⑯ 家へ帰る ⑰ 学校に来る ⑱ お風呂に入る ⑲ 本を買う ⑳ メールを書く
㉑ 駅まで歩く ㉒ 手を洗う ㉓ コーヒーを飲む ㉔ シャワーをする ㉕ 寝る

10과

연습1 해답

예 起きる 상1단	食べる 하1단	読む 5단	乗る 5단	行く 5단
会う 5단	する 변격	話す 5단	泳ぐ 5단	待つ 5단
歌う 5단	飲む 5단	遊ぶ 5단	見る 상1단	聞く 5단

帰る 5단	来る 변격	入る 5단	買う 5단	書く 5단
歩く 5단	洗う 5단	飲む 5단	かける 하1단	寝る 하1단

내가 만든다 해답

예 朝、起きる ⇒ 朝、起きます	ごはんを食べる ⇒ ごはんを食べます	新聞を読む ⇒ 新聞を読みます	バスに乗る ⇒ バスに乗ります	会社へ行く ⇒ 会社へ行きます
友だちに会う ⇒ 友だちに会います	勉強をする ⇒ 勉強をします	先生と話す ⇒ 先生と話します	プールで泳ぐ ⇒ プールで泳ぎます	地下鉄を待つ ⇒ 地下鉄を待ちます
歌を歌う ⇒ 歌を歌います	水を飲む ⇒ 水を飲みます	子犬と遊ぶ ⇒ 子犬と遊びます	テレビを見る ⇒ テレビを見ます	音楽を聞く ⇒ 音楽を聞きます
家へ帰る ⇒ 家へ帰ります	学校に来る ⇒ 学校に来ます	お風呂に入る ⇒ お風呂に入ります	本を買う ⇒ 本を買います	メールを書く ⇒ メールを書きます
駅まで歩く ⇒ 駅まで歩きます	手を洗う ⇒ 手を洗います	コーヒーを飲む ⇒コーヒーを飲みます	シャワーをする ⇒ シャワーをします	寝る ⇒ 寝ます

11과

연습 해답

学校へ行きます。 학교에 갑니다.	午前、学校へ行きました。 오전에 학교에 갔습니다.
友だちが来ます。 친구가 옵니다.	今日は友だちが来ません。 오늘은 친구가 오지 않습니다.
レポートを書きます。 레포트를 씁니다.	友だちとレポートを書きました。 친구와 레포트를 썼습니다.
歌を歌います。 노래를 부릅니다.	鈴木さんは歌を歌いませんでした。 스즈키 씨는 노래를 부르지 않았습니다.
友だちと遊びます。 친구와 놉니다.	友だちと公園で遊びました。 친구와 공원에서 놀았습니다.
バスを待ちます。 버스를 기다립니다.	停留所でバスを待ちました。 정류장에서 버스를 기다렸습니다.
ノートを買います。 노트를 삽니다.	ノートは買いませんでした。 노트는 사지 않았습니다.

勉強をします。 공부를 합니다.	図書館で勉強をしました。 도서관에서 공부를 했습니다.
ピザを食べます。 피자를 먹습니다.	私はピザは食べません。 저는 피자는 먹지 않습니다.
本を読みます。 책을 읽습니다.	本を読みませんでした。 책을 읽지 않았습니다.
タクシーに乗ります。 택시를 탑니다.	私は毎日歩きます。タクシーには乗りません。 저는 매일 걷습니다. 택시는 타지 않습니다.

12과

내가 만든다 예시

	いる	ある
주어의 성격	주어가 동물, 사람, 곤충 등 자기 의지로 몸을 움직일 수 있는 경우	주어가 무생물, 식물 등 자기 의지로 몸을 움직일 수 없는 경우

じゃんけんぽん! 가위바위보 예시

① (本だなは)つくえの右にあります。
　　　　つくえの横にあります。
② (ごみ箱は)つくえの下にあります。
③ (かばんは)つくえの前にあります。
④ (ソンさんは)つくえの後ろにいます。
　　　　森さんのとなりにいます。
⑤ (かぎは) 引き出しの中にあります。
⑥ (森さんは)ソンさんのとなりにいます。
　　　　つくえの後ろにいます。
　　　　本だなの横にいます。

13과

연습1 해답

① 地下鉄を待ちながら新聞を読みます。 지하철을 기다리면서 신문을 읽어요.
② 歌を歌いながらダンスをします。 노래를 부르면서 춤을 춥니다.
③ テレビを見ながら友だちに電話をします。 텔레비전을 보면서 친구에게 전화합니다.
④ 友だちと話しながらコーヒーを飲みます。 친구와 이야기하면서 커피를 마십니다.
⑤ 手を洗いながら歌を歌います。 손을 씻으면서 노래를 부릅니다.
⑥ 勉強しながらお菓子を食べます。 공부하면서 과자를 먹습니다.

연습2 해답

① 友だちと遊びに(シンチョンへ)行きます。
② くつを買いに(デパートへ)行きます。
③ 森さんに会いに来ました。

연습3 해답

① コーヒを飲みにカフェへ行きます。	커피를 마시러 카페에 갑니다.
② 手を洗いにトイレへ行きます。	손을 씻으러 화장실에 갑니다.
③ 先生と話しに学校へ行きます。	선생님과 이야기하러 학교에 갑니다.
④ 子犬と遊びに公園へ行きます。	강아지와 놀러 공원에 갑니다.

14과

내가 만든다 예시

私の誕生日は12月23日です。ほしいものはたくさんありますが、誕生日のプレゼントに手紙が一番ほしいです。友だちからの手紙がほしいです。

제 생일은 12월 23일 입니다. 갖고 싶은 물건은 많이 있지만, 생일 선물로 편지를 가장 받고 싶습니다(원합니다). 친구로부터의 편지를 받고 싶습니다.

16과

연습1 해답

① 辛くてまずい。	맵고 맛없다.
② 高くて難しい。	비싸고 어렵다.
③ 短くておもしろい。	짧고 재미있다.
④ 赤くておいしい。	빨갛고 맛있다.
⑤ 易しくていい。	쉽고 좋다(쉬워서 좋다).
⑥ 長くて悪い。	길고 나쁘다(길어서 나쁘다).
⑦ 安くて小さい。	싸고 작다.
⑧ 黄色くて酸っぱい。	노랗고 시다.

연습2 해답

① 簡単で丈夫だ。	간단하고 튼튼하다.
② 元気で真面目だ。	건강하고 성실하다.
③ ハンサムで有名だ。	잘생기고 유명하다(잘생겨서 유명하다).
④ 新鮮で便利だ。	신선하고 편리하다.

⑤ にぎやかできれいだ。　번화하고 깨끗하다.
⑥ 暇で静かだ。　한산하고 조용하다.
⑦ 親切で便利だ。　친절하고 편리하다.
⑧ 有名で立派だ。　유명하고 훌륭하다.

연습3 해답

① 鈴木さんは日本人で、スミスさんはアメリカ人だ。　스즈키 씨는 일본인이고, 스미스 씨는 미국인이다.
② 昨日が金曜日で、今日は土曜日だ。　어제가 금요일이고, 오늘은 토요일이다.
③ 森さんはサラリーマンで、花田さんはデザイナーだ。　모리 씨는 샐러리맨이고, 하나다 씨는 디자이너이다.

내가 만든다 예시

① りんごは赤くてすっぱいです。　사과는 빨갛고 십니다.
② この店のコーヒーは高くておいしいです。　이 집 커피는 비싸고 맛있습니다.
③ 日本語は簡単でおもしろいです。　일본어는 간단하고 재미있습니다.
④ この本は難しくて、私にはだめです。　이 책은 어려워서, 나는 안됩니다(저에게는 어렵습니다).
⑤ 私の友だちはハンサムで、日本語が上手です。　내 친구는 잘생겼고, 일본어가 능숙합니다.
⑥ 私は旅行が好きで、旅行作家になりたいです。　저는 여행을 좋아해서, 여행작가가 되고 싶습니다.
⑦ 私の学校は広くて立派です。　우리 학교는 넓고 멋집니다.

17과

연습해 보세요4 て形활용 해답

1) 起きる → 起きて　見る → 見て　落ちる → 落ちて　降りる → 降りて
食べる → 食べて　寝る → 寝て　かける → かけて　遅れる → 遅れて

2) ① 会う → 会って　待つ → 待って　乗る → 乗って
使う → 使って　作る → 作って　立つ → 立って
!帰る → 帰って　!知る → 知って

② 飲む → 飲んで　呼ぶ → 呼んで　死ぬ → 死んで
結ぶ → 結んで　踏む → 踏んで　読む → 読んで

③ 聞く → 聞いて　急ぐ → 急いで　置く → 置いて
泳ぐ → 泳いで　開く → 開いて　省く → 省いて

④ 貸す → 貸して　話す → 話して　返す → 返して

연습 해답

예 朝、起きる → 朝、起きて	歯を磨く → 歯を磨いて	顔を洗う → 顔を洗って	ごはんを食べる → ごはんを食べて	新聞を読む → 新聞を読んで

家を出る → 家を出て	学校へ行く → 学校へ行って	友だちに会う → 友だちに会って	勉強をする → 勉強をして	バスに乗る → バスに乗って
水を飲む → 水を飲んで	日本語を習う → 日本語を習って	本を買う → 本を買って	駅まで歩く → 駅まで歩いて	家へ帰る → 家へ帰って
手を洗う → 手を洗って	ケーキを作る → ケーキを作って	少し休む → 少し休んで	友だちが来る → 友だちが来て	メールを書く → メールを書いて
映画を見る → 映画を見て	ゲームをする → ゲームをして	MP3を聞く → MP3を聞いて	教室に入る → 教室に入って	寝る → 寝て

18과

연습 해답

起きる — 明日の朝は、早く起きてください。 내일 아침에는 일찍 일어나 주세요.
洗う — 食事の前は手を洗ってください。 식사 전에는 손을 씻어 주세요.
読む — 毎日、新聞を読んでください。 매일, 신문을 읽어 주세요.
乗る — 学校へ行く時はバスに乗ってください。 학교에 갈 때는 버스를 타 주세요.
勉強する — 明日はテストですから、今日は勉強してください。 내일은 시험이니까, 오늘은 공부해 주세요.
飲む — 水を少しずつ飲んでください。 물은 조금씩 마셔 주세요.
買う — 本は自分で買ってください。 책은 본인이 사 주세요.
書く — 質問がある時はメ—ルを書いてください。 질문이 있을 때는 메일을 써 주세요.
待つ — 教室で30分ぐらい待ってください。 교실에서 30분 정도 기다려 주세요.
帰る — 家へ早く帰ってください。 집에 빨리 돌아가 주세요.

19과

연습 해답

(예 起きる → 起きています)
歯を磨く → 歯を磨いています
顔を洗う → 顔を洗っています
ごはんを食べる → ごはんを食べています
新聞を読む → 新聞を読んでいます
家を出る → 家を出ています
学校へ行く → 学校へ行っています
友だちに会う → 友だちに会っています
勉強をする → 勉強をしています
バスに乗る → バスに乗っています
水を飲む → 水を飲んでいます

日本語を習う → 日本語を習っています
本を買う → 本を買っています
駅まで歩く → 駅まで歩いています
家へ帰る → 家へ帰っています
手を洗う → 手を洗っています
ケーキを作る → ケーキを作っています
少し休む → 少し休んでいます
友だちが来る → 友だちが来ています
メールを書く → メールを書いています
テレビを見る → テレビを見ています
ゲームをする → ゲームをしています
MP3を聞く → MP3を聞いています
シャワーをする → シャワーをしています
寝る → 寝ています

듣기 스크립트와 해답

2과

1. 다음 대화를 듣고 그림과 연결시켜 보세요.
   - ⓐ 私(わたし)は学生(がくせい)です。
   - ⓑ A: 鈴木(すずき)さんは大学生(だいがくせい)ですか。
     B: いいえ、鈴木(すずき)さんは主婦(しゅふ)です。
   - ⓒ A: あなたは先生(せんせい)ですか。
     B: いいえ、会社員(かいしゃいん)です。
2. 다음을 받아 적어 보세요.
   ⓐ 学生(がくせい)　ⓑ いいえ、主婦(しゅふ)です。　ⓒ あなた
3. 다음 문장을 듣고 빈칸을 채워 보세요.
   ⓐ これは日本語(にほんご)の本(ほん)です。　② 私(わたし)の名前(なまえ)は鈴木浩(すずきひろし)です。　ⓒ どうぞよろしくお願(ねが)いします。

해답

1. ①—ⓐ　②—ⓒ　③—ⓑ
2. ⓐ 学生(がくせい)　ⓑ いいえ、主婦(しゅふ)です。　ⓒ あなた
2. ⓐ の　ⓑ は　ⓒ どうぞ

3과

1. 다음을 듣고 아라비아 숫자로 써 보세요.
   ⓐ 37　ⓑ 56　ⓒ 24
2. 다음을 듣고 히라가나로 받아 써 보세요.
   ⓐ 89　ⓑ 75　ⓒ 42
3. 다음 문장을 듣고 빈칸을 채워 보세요.
   ⓐ あなたの電話番号(でんわばんごう)をおねがいできますか。　ⓑ 031-5698-1111です。
   ⓒ 074-234-5522です。

해답

1. ⓐ 37　ⓑ 56　ⓒ 24
2. ⓐ はちじゅうきゅう　ⓑ ななじゅうご　ⓒ よんじゅうに
3. ⓐ でんわばんごう(電話番号(でんわばんごう))　ⓑ 5698　ⓒ 074

4과

1. 다음 대화를 듣고 해당하는 그림에 ◯를 넣으세요.
   - ⓐ A: あなたのかばんはどれですか。 B: その大きいかばんです。
   - ⓑ A: あなたの本は青い本ですか。 B: 私の本ですか。青くないです。黄色い本です。
2. 다음 문장을 받아 적어 보세요.
   - ⓐ その大きいかばんです。
   - ⓑ 青くないです。
3. 다음 대화를 듣고 빈칸을 채워 보세요.
   - ⓐ A: 日本語は難しいですか。 B: はい、難しいです。易しくありません。
   - ⓑ A: このケーキはいかがですか。 B: あまり甘くないです。おいしいです。

해답

1. ⓐ—① ⓑ—②
2. ⓐ その大きいかばんです。 ⓑ 青くないです。
3. ⓐ 易しくありません。 ⓑ 甘くないです。

5과

1. 다음 대화를 듣고 해당하는 그림에 ◯표 하세요.
   - マリ ： ソンさん、あのケーキ屋、いかがですか。
   - ソン ： きれいな店ですね。
   - マリ ： あまり静かではありませんが、とても親切ですよ。
2. 다음 문장을 듣고 받아 적어 보세요.
   - ⓐ いかがですか。 ⓑ きれいな店です。
3. 다음 대화를 듣고 빈칸을 채워 보세요.
   - 森 ： ソンさん、これは誰の写真ですか。
   - ソン： 友だちの写真です。
   - 森 ： ハンサムな人ですね。

해납

1. ⓐ—② ⓑ—①
2. ⓐ いかがですか。 ⓑ きれいな店です。
3. ハンサムな

6과

1. 다음 대화를 듣고 해당하는 그림에 ◯표 하세요.
   - A: 果物は何が好きですか。 B: 私はみかんが好きです。
2. 다음 대화를 받아 적어 보세요.
   - A: 好きな果物は何ですか。 B: りんごです。
3. 다음 문장을 듣고 빈칸을 채워 보세요.
   - ⓐ 私は歌が下手です。 ⓑ タバコのけむりが苦手です。

4. 다음 대화를 듣고 해당하는 그림을 선으로 연결하세요.

ⓐ 田村： 鈴木さんはスポーツの中で何が一番上手ですか。
　 鈴木： 私は水泳が得意です。

ⓑ 田村： ソンさんも水泳上手でしょう。
　 ソン： いいえ、水泳はあまり得意ではありません。バスケットボールが好きです。

ⓒ 鈴木： 田村さんはどうですか。
　 田村： 私はスポーツはあまり得意ではありませんが、スキーは好きです。

해답

1. ②

2. A: 好きな果物は何ですか。　B: りんごです。

3. ⓐ が　ⓑ 苦手

4. ⓐ—②　ⓑ—③　ⓒ—①

7과

1. 다음 대화를 잘 듣고 해당하는 음식에 표시하세요.

A: これは食べ物です。
B: 黄色いですか。
A: いいえ、黄色くありません。赤いです。
B: 日本料理ですか。
A: いいえ、日本料理ではありません。韓国料理です。

2. 다음 문장을 듣고 부정형을 써 보세요.

ⓐ 寒いです。　ⓑ 会社員です。　ⓒ きれいです。

3. 다음 문장을 듣고 빈칸을 채워 보세요.

ⓐ 大丈夫ですよ。子供じゃないから。
ⓑ このドラマは面白くありませんね。
ⓒ この店はあまり有名ではありませんが、とてもおいしいです。

4. 다음 문장을 듣고 빈칸을 채워 보세요.

ⓐ 男の人ですか。
ⓑ この英語の本は少し難しいです。
ⓒ あの黄色い果物は何ですか。

해답

1. ②

2. ⓐ 寒くありません(寒くないです)。　ⓑ 会社員ではありません(会社員ではないです)。
ⓒ きれいではありません(きれいではないです)。

3. ⓐ じゃない　ⓑ おもしろくありません　ⓒ 有名ではありません

4. ⓐ 男の人　ⓑ の　ⓒ 黄色い

8과

1. 다음 대화를 듣고 시간을 그려 넣으세요.
   - ⓐ A: 今何時ですか。 B: 4時20分です(よじにじゅっぷんです)。
   - ⓑ A: 今何時ですか。 B: 6時45分です(ろくじよんじゅうごふんです)。
   - ⓒ A: 今何時ですか。 B: 9時半です(くじはんです)。
2. 다음 문장을 모두 받아 적어 보세요.
   - ① 4時20分です(よじにじゅっぷんです)。 ② 6時45分です(ろくじよんじゅうごふんです)。
   - ③ 9時半です(くじはんです)。
3. 다음 대화를 듣고 해당하는 것끼리 선으로 연결하세요.
   - ① A: デパートは何時から何時までですか。 B: 午前10時から、午後8時までです。
   - ② A: 映画は何時から何時までですか。 B: 午後7時半から、9時半までです。
   - ③ A: コンサートは何時から何時までですか。 B: 午後3時から5時までです。

해답

1. ①  ② 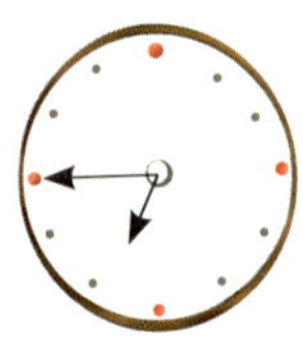 ③ 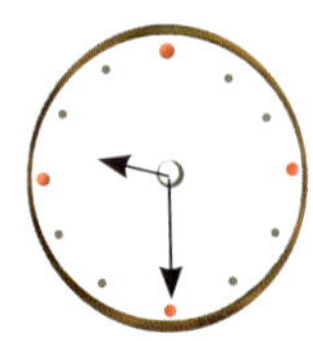
2. ① 4時20分です(よじにじゅっぷんです)。 ② 6時45分です(ろくじよんじゅうごふんです)。
   ③ 9時半です(くじはんです)。
3. ①—ⓒ, ②—ⓑ, ③—ⓐ

9과

1. 다음 문장을 듣고 해당하는 그림에 번호를 써 넣으세요.
   - ⓐ 友だちに会う。 ⓑ 新聞を読む。 ⓒ 地下鉄を待つ。
   - ⓓ 子犬と遊ぶ。 ⓔ テレビを見る。 ⓕ 音楽を聞く
2. 다음 문장을 모두 받아 적어 보세요.
   - ⓐ テレビを見る。 ⓑ 子犬と遊ぶ。 ⓒ 新聞を読む。
   - ⓓ 友だちに会う。 ⓔ 地下鉄を待つ。 ⓕ 音楽を聞く。
3. 다음을 듣고 뒤에 이어질 동사를 보기에서 고르세요.
   - ⓐ 手を ⓑ 勉強を ⓒ プールで
   - ⓓ 歌を ⓔ 水を ⓕ 学校へ

해답

1. ①—ⓓ, ②—ⓔ, ③—ⓑ, ④—ⓐ, ⑤—ⓒ, ⑥—ⓕ
2. ⓐ テレビを見る。 ⓑ 子犬と遊ぶ。 ⓒ 新聞を読む。
   ⓓ 友だちに会う。 ⓔ 地下鉄を待つ。 ⓕ 音楽を聞く。
3. ⓐ—⑤, ⓑ—②, ⓒ—①, ⓓ—⑥, ⓔ—④, ⓕ—③

10과

1. 다음 문장을 듣고 순서를 적어 보세요.
   12時に昼ごはんを食べます。それから日本語の勉強をします。4時に家へ帰ります。
2. 다음을 듣고 받아 적어 보세요.
   ⓐ 食べます。　ⓑ します。　ⓒ 帰ります。
3. 다음 문장을 듣고 빈칸을 채워 보세요.
   ⓐ 家で晩ごはんを食べます。　ⓑ 家へ帰ります。　ⓒ 11時に寝ます。
4. 다음 동사의 기본형을 듣고 정중형(ます形)을 쓰세요.
   ⓐ 読む　ⓑ 待つ　ⓒ 来る　ⓓ 見る　ⓔ する

해답

1. ⓐ (2)　ⓑ (1)　ⓒ (3)
2. ⓐ 食べます。　ⓑ します。　ⓒ 帰ります。
3. ⓐ で　ⓑ へ　ⓒ に
4. ⓐ 読みます　ⓑ 待ちます　ⓒ 来ます　ⓓ 見ます　ⓔ します

11과

1. 다음 대화를 듣고 해당하는 그림에 ◯표 하세요.
   A: 浩さんは毎朝コーヒーを飲みますか。　B: いいえ、コーヒーは飲みません。ミルクを飲みます。
2. 다음 대화를 듣고 해당하는 그림과 해당하는 항목에 ◯표 하세요.
   A: 昨日、公園で子犬と遊びましたか。　B: いいえ、家で勉強しました。
   A: じゃ、おとといは。　B: おとといは学校へ行きました。
3. 다음 문장을 듣고 빈칸을 채워 보세요.
   ⓐ 昨日はどこへも行きませんでした。
   ⓑ A: 何か質問ありますか。　B: いいえ、ありません。
   ⓒ 昨日は夜遅くまでお酒を飲みました。
   ④ 浩さんは何も話しませんでした。

해답

1. ⓑ
2. ⓑ—昨日、　ⓒ—おととい
3. ⓐ どこへも　ⓑ ありません　ⓒ 飲みました　ⓓ 話しませんでした

12과

1. 다음 문장을 듣고 빈칸을 채워 보세요.
   ⓐ かぎは引き出しの中にあります。　ⓑ 本はつくえの上にあります。
   ⓒ 子犬は売店の前にいます。　ⓓ ごみ箱はつくえの下にあります。

2. 다음 대화를 듣고 해당하는 위치에 표시하세요.

ⓐ A: パクさん、ケータイはどこにありますか。　　B: つくえの下にあります。

ⓑ A: もしもし、森さん、いまどこですか。　　B: ベンチの後ろにいます。

3. 다음 문장을 듣고 방 내부를 완성시켜 보세요.

私の部屋を紹介します。ドアの向こうに本だながあります。本だなの左につくえがあります。ドアの右にテレビがあります。

해답

1. ⓐ 中　ⓑ 上　ⓒ います　ⓓ つくえ

2. ⓐ—③　ⓑ—①

3.

13과

1. 다음 대화를 듣고 그림에 해당하는 번호를 ( ) 안에 쓰세요.

ⓐ A: どこへ行きますか。　　B: ごはんを食べに行きます。

ⓑ A: どこへ行きますか。　　B: 映画を見に行きます。

ⓒ A: どこへ行きますか。　　B: 勉強に行きます。

ⓓ A: どこへ行きますか。　　B: 手を洗いに行きます。

2. 다음 대화를 듣고 해당하는 그림의 번호를 ( ) 안에 순서대로 써 넣으세요.

A: 鈴木さんは週末は何をしますか。

B: 本を読みながらお菓子を食べます。

バクさんはどうですか。

A: 私はだいたいmp3を聞きながら公園を散歩します。

3. 다음 문장을 듣고 빈칸을 채워 보세요.

ⓐ 歌を歌いにカラオケ・ボックスへ行きます。　ⓑ ごはんを食べながら友だちと話します。

ⓒ テレビを見ながらジュースを飲みます。

해답

1. ①—ⓐ　②—ⓓ　③—ⓑ　④—ⓒ

2. ① (ⓓ—ⓐ)　② (ⓒ—ⓑ)

3. ⓐ 歌いに　ⓑ 食べながら　ⓒ 見ながら

14과

1. 다음 문장을 듣고 달력의 해당하는 날짜에 발표자를 메모하세요.
   お知らせです。毎週木曜日に日本語発表会があります。
   4月2日はキムさん、9日はパクさん、16日はイさん、23日はファンさん、30日はミンさんの順です。皆さん、頑張ってください。
2. 다음 문장을 듣고 히라가나로 받아쓰고 우리말 부분의 빈칸을 채워 보세요.
   ⓐ 私の誕生日はくがつとおかです。
   ⓑ 両親の結婚記念日はじゅういちがつじゅうさんにちです。
   ⓒ 中間テストはじゅうがつはつかからです。
   ⓓ 期末テストはじゅうにがつにじゅういちにちからです。

해답

1. 2—キム、9—パク、16—イ、23—ファン、30—ミン
2. ⓐ くがつとおか / 9, 10　　ⓑ じゅういちがつじゅうさんにち / 11, 13
   ⓒ じゅうがつはつか / 10, 20　　ⓓ じゅうにがつにじゅういちにち / 12, 21

15과

1. 대화를 듣고 다무라가 하고자 하는 것, 가고자 하는 곳에 ○표 하세요.

ⓐ パク： 田村さん、コーヒー飲みませんか。
田村： ありがとう。でも今は飲みたくありません。
新聞が読みたいですが、ありますか。
パク： はい、ここにありますよ。今日の新聞、どうぞ。

ⓑ パク： 田村さん、旅行に行きますか。
田村： はい。
パク： どこへ行きますか。チェジュド?
田村： チェジュへも行きたいですが、今回はキョンジュへ行きます。じゃ、行ってきます。
パク： 行ってらっしゃい。

2. 다음 대화 내용을 듣고 선을 연결해 보세요.

先生： 皆さんは将来、どんな人になりたいですか。まず、鈴木さん!
鈴木： 私は会社員になりたいです。
先生： パクさんは。
パク： 私は公務員になりたいです。
先生： そうですか。花田さんはどうですか。
花田： 私は日本語の先生になりたいです。
先生： じゃ、日本語の勉強、頑張ってくださいね。吉本さんは。
吉本： 私はデザインが好きですから、将来デザイナーになりたいです。

해답

1. ⓐ—②　　ⓑ—①
2. ①—ⓐ　　②—ⓒ　　③—ⓓ　　④—ⓑ

16과

1. 다음 문장을 듣고 빈칸을 채워 보세요.
    - ⓐ 韓国の夏は暑くて長いです。
    - ⓑ 私の部屋は静かできれいです。
    - ⓒ 赤いかばんはキムさんので、黒いかばんは私のです。
2. 다음 문장을 듣고 해당하는 그림에 ○표 하세요.
    - ⓐ 今日のりんごは赤くて新鮮ですね。
    - ⓑ 彼女はきれいで元気です。
    - ⓒ この部屋は暗くて狭いですね。

해답

1. ⓐ 暑くて　　ⓑ 静かで　　ⓒ で
2. ⓐ—①　　ⓑ—②　　ⓒ—①

17과

1. 다음 문장을 듣고 그림을 순서대로 나열해 보세요.
    本屋へ行って本を買います。それから駅まで歩いて、地下鉄に乗って、家へ帰ります。家へ帰って、手を洗って、ケーキを食べます。
2. 다음 문장을 듣고 빈칸을 채워 보세요.
    - ⓐ 歯を磨いて、顔を洗います。
    - ⓑ 学校へ行って、友だちに会います。
    - ⓒ 水を飲んで、勉強します。
    - ⓓ 友だちが来て、一緒にごはんを食べます。

해답

1. ②—⑤—④—①—③
2. ⓐ 磨いて　　ⓑ 行って　　ⓒ 飲んで　　ⓓ 来て

18과

1. 다음 문장을 듣고 해당하는 그림에 체크하세요.
    - ⓐ 食べ物は食堂で食べてください。
    - ⓑ ミルクは体にいいですから、毎日飲んでください。
    - ⓒ あなたは大学生ですから、本をたくさん読んでください。
2. 다음 문장을 듣고 빈칸을 채워 보세요.
    - ⓐ 先生の話をよく聞いてください。
    - ⓑ よかったら一緒に来て。
    - ⓒ ちょっと待ってください。
    - ⓓ ゆっくり飲んで。
    - ⓔ 学生番号を書いて。

해답

1. ⓐ—① ⓑ—② ⓒ—②
2. ⓐ 聞いてください ⓑ 来て ⓒ 待ってください ⓓ 飲んで ⓔ 書いて

19과

1. 다음 대화 내용을 듣고 선을 연결해 보세요.

A: もしもし、みんな来ていますか。

B: はい、もう来ていますよ。鈴木さんは本を読んでいます。

A: パクさんは。

B: 水を飲んでいます。それから花田さんはケータイでゲームをしています。
それから吉田さんはMP3を聞いています。

A: そうですか。わかりました。それじゃ、今すぐ行きます。

2. 다음 문장을 듣고 빈칸을 채워 보세요.

ⓐ ソウルに住んでいます。

ⓑ 大学で勉強しています。

③ A: ごはんを食べましたか。 B: いいえ、まだ食べていません。

④ 家へ帰っています。

해답

1. ①—ⓒ ②—ⓓ ③—ⓑ ④—ⓐ
2. ⓐ に ⓑ で ⓒ まだ ⓓ へ

초급일본어로 당당하게 자기소개하기

1판 1쇄 발행_2011년 03월 05일
1판 2쇄 발행_2013년 08월 30일

지은이_김태희
펴낸이_홍정표

펴낸곳_글로벌콘텐츠
등 록_제25100-2008-24호

공급처_(주)글로벌콘텐츠출판그룹
이 사_양정섭
디자인_김미미
편 집_노경민 배소정 최민지
일러스트_장예준
기획·마케팅_이용기
경영지원_안선영
주 소_서울특별시 강동구 천중로 196 정일빌딩 401호
전 화_02-488-3280
팩 스_02-488-3281
홈페이지_www.gcbook.co.kr
이메일_edit@gcbook.co.kr

값 13,800원
ISBN 978-89-93908-26-8 18730